扬州讲坛

追溯中国人
精神之源

国学十讲

于丹 等著

人民东方出版传媒

东方出版社
The Oriental Press

为文化的宏伟殿堂添一块砖瓦

　　我是一个年近九十的老人，这一生为弘扬佛法，经历过大时代的洗礼，也行脚过世界许多地方，但心中始终有一份对故土的牵挂与怀念，希望能凭借自己的微薄之力，报答故乡山川土地对我的滋养；回馈故乡父老朋友对我的厚爱。因此，当上个世纪末，我有机会回到故乡，就开始朝此方向努力。

　　感谢全世界佛光人认同我的愿心，以及大陆各地许多领导支持我的理念，群策群力，先后建设了鉴真图书馆、佛光祖庭宜兴大觉寺，也成立了星云大师文化教育公益基金会，以及上海大觉文化公司等。其中，2008 年在鉴真图书馆设立的"扬州讲坛"，经过七年耕耘，已经结出丰硕的文化果实，成为扬州这座古都一张足以骄傲的文化名片。

　　鉴真图书馆的设立，是为了佛学研究，图书馆里典藏了几十万册佛学及文史哲图书，还有环境优美的研究室，并且免费给学者提供食宿。然而我是一个有人间性格的人，总觉得偌大的图书馆只为少数学者服务，似乎可惜了，于是想到成立"扬州讲坛"，每个月两场，邀请两岸四地，甚至海外的名家来演讲。有些学者专家公务繁忙或时间无法配合，为了给大众欢喜，我一一亲自打电话邀请。他们来到扬州后结下善缘好缘，喜欢上扬州，跟我们也成为了好友。

"扬州讲坛"至今能坚持讲学不辍，因为我对执行的弟子说：讲题要开放，海纳百川，不限与佛教相关；讲者要多元，各领域专精者都欢迎。

最近听说，"扬州讲坛"的精彩内容要编辑出版了，我非常高兴。借此机会，首先感谢近百位主讲人，其次要感谢扬州市领导，最应该谢谢的是热情听讲的大众。除了扬州市民，很多都是远从其他地方来的，诚意可感。

中华文化博大精深，是我们炎黄子孙珍贵的的精神遗产，也是以泱泱大国之姿傲立世界的软实力。这几年政府提倡弘扬传统文化，我觉得方向十分正确，也极具远见。这套书的出版，或许可以为正在建设中的宏伟文化殿堂，添加一块小小的砖瓦。不久的将来，让我们用文化的面容，在21世纪受全世界尊重！

值此出版前夕，仅以这篇小文为序。

星云

2015 年 2 月 4 日于佛光山

出版说明

久在喧嚣的都市间生活，每天不由自主地奔驰在生活的快车道上，越来越多的人向往着内心的宁静，渴求心灵再次得到知识的滋养。

当代中国不乏心怀天下、学富五车的名家学者，让他们走近寻常百姓，需要的是多元化的通道。"扬州讲坛"正是这样一座联结大师与普通听众的文化桥梁。

"扬州讲坛"2008年由星云大师开办。秉持着"回馈故乡父老朋友"的朴素愿望，星云大师和"扬州讲坛"工作团队尽心尽力，广邀全国乃至海外各界名家。讲坛开办至今，历经风雨，已发展成为国内顶级的高端文化论坛，星云大师、纪连海、于丹、余秋雨、林清玄、余光中等近百位名家大师先后登坛。不少听众不远千里赶到扬州，现场常常出现一票难求的盛景。"北有百家讲坛，南有扬州讲坛"，正是听众对讲坛最真诚的赞许。

七年间，扬州讲坛沉淀下丰富宝贵的内容，范围涵盖遍及社会、历史、哲学、文学、经济等方方面面。我们拟将讲座精华按类汇编，结集出版，以飨读者。本次首推三册，选取最受大众关注和喜爱的题材，分别从"历史""国学""人生"三个角度切入。

"历史十讲"意在知古察今，向历史寻求智慧，开阔胸怀；"国学十讲"重在对国人传统精神的解读，以期全面提高今人道德修养、审美情怀；"人生十二讲"则以人生哲学为主，关注现实，服务当下。

首批三册出版后，其他领域的内容也将择机陆续面市。希望无缘到场的读者也可身临其境，一起聆听当代中国最有价值的大师之声。

本书策划与出版过程中，得到扬州讲坛和上海大觉文化传播有限公司的大力支持，在此表示诚挚的感谢！

目录

中国古代的六朝小说当中，狐狸精是什么？是狐媚男人的。所以骆宾王写讨武则天的檄文，他要说："狐媚偏能惑主。"但是到了蒲松龄的笔下，只有那些最纯洁的、最善良的姑娘，才以狐狸精的形象出现。

生活中并不是人人都会用计。你可以没有计谋，但是你不能没有智慧。你甚至可以没有智慧，但是你不能没有善良，不能没有正直。善良和正直，才是真正通向人生境界顶端的最后那几步的台阶。

那些忧国忧民、见微知著，敢于大胆提出问题的人，往往是要担风险的。但是在中国，历朝历代都有一批这样的人，不怕牺牲个人的身家性命，以国家为重。所以忧患，几乎成为中国古代士人的一个代名词。

我们生活里经常说的一个词叫"局限"，什么叫局限？格局太小所以才会为其所限，而这个局是你自己做的。我们怎么样能够让自己生命境界真正辽阔起来呢？我想经典里面，会告诉我们一些朴素的道理。

我们读唐诗，就好比看到很小的 U 盘一样。它很小，像"天生我材必有用"，只有七个字。但是你把这七个字插到电脑里，一打开，发现里面有一篇宏伟的画卷，要解读这宏伟的画卷需要几代人的努力。

诗、绘画、音乐，这三者在我心中构成了一个三角的关系。诗是排在顶点。因为诗跟音乐一样是时间的艺术，同时跟绘画一样是空间的艺术。它有画面，有场景；有节奏，也有旋律。兼有绘画与音乐之长。

我们有时候说官方的历史靠不住，口述历史更靠不住。有什么用呢？我觉得口述历史是大历史的补充，它给你提供一些依据，让你从一个瞬间，从一种状态，尽可能地接近那份真实的历史。

如果有人读过《三国演义》却喜欢搞小动作，那是他自己心术不正，与罗贯中无关；恰恰相反，那正是罗贯中反对和批判的。有人谈什么"厚黑学"，也硬往《三国演义》上扯，更是毫无道理的。

一个将士骑着马，走一圈就走过了千山万水；他带着四面靠旗，就等于千军万马带在身边，这就是象征性。所以西洋人看到我们的表演，认为时空转换非常自由，是东方艺术的极大魅力。

智慧源于历史，诗歌凝练情感。一个人的经验是有限的，就算走遍全球，也不能说走遍了地球的每个角落。我们一个人面对的情感也是有限的，所以孔子提倡读《诗经》，《诗经》是讲"情发于中而形于言"。

马瑞芳

研究《聊斋志异》的著名专家。现任山东大学文学与新闻传播学院教授、古代文学专业博士生导师。2005 年起在《百家讲坛》主讲"马瑞芳说聊斋",以现代视角诠释古代名著,迅速赢得社会各界观众的广泛欢迎,在全国掀起"聊斋热"。

蒲松龄与《聊斋志异》

马瑞芳

337年前，康熙十年，蒲松龄来到扬州。有诗为证，就是《元宵后与树百赴扬州》。这首诗里面写他喝了三白酒，饮着芥山茶，两个人坐在一叶扁舟里面分赋梅花。他们写梅花的时候是"分赋梅花漾轻桨，片帆风雪到扬州"。

我非常希望我能够穿过时光隧道来看看，当初蒲松龄是怎么样在扬州活动的？因为我一直在讲蒲松龄是山东人。蒲松龄是山东走出来的，但是没有扬州就没有《聊斋志异》这样的好作品。为什么这样说呢？蒲松龄做了五十年的穷秀才，始终没有达到更高。到72岁，做了一个岁贡生。岁贡生什么概念呢？就是他可以做官了，可以做一个儒学训导，这样的官就相当于中学副校长。但是他没有做成，因为需要排队，没排到他就去世了，但是他是中国文学史上最著名的小说家之一。

可以说，最著名的长篇小说的作者是曹雪芹，最著名的短篇小说的作者就是蒲松龄了。那么这么一个穷秀才，这么一个终身乡居、一直住在山东的农村人，为什么能写出那么多的好作品？当然和他苦读诗书有关。但是他能不能像唐代的诗人李白那样"行万里路，读万卷书"呢？他可以读万卷书，但是他没有条件走万里路。他唯一的一次远游，就是到了扬州。康熙九年，30岁的蒲松龄接到朋友孙蕙的邀请，到宝应县给孙蕙做幕宾。孙蕙是进士出身的、正途的官员。他请他家乡的朋友来做秘书。两个人非常合拍，经常来往于宝应、高邮、扬州，写了很多诗。

这里面就有一个很重要的问题要谈到了，那就是蒲松龄一辈子，只有这一年的功夫在官场里面待过。他给这个做县令的朋友去做文秘，给他写布告，给他写来往的书信。我们现在在山东的青岛博物馆可以看到，当年蒲松龄给孙蕙做文字秘书时候的手稿叫《鹤轩笔札》，鹤轩是孙蕙的书斋。我们知道用"鹤轩"说明这个人是个当官的。蒲松龄经过这一年，发现了这个官场是怎样的黑暗，他发现人民是怎么样啼饥号寒，而达官贵族是怎样的奢侈，包括他的老板是怎样的花天酒地，寻花问柳。所以蒲松龄能够在他的《聊斋志异》当中写出那么多关于官场黑暗的文章，而且揭露得入木三分。

蒲松龄的精神恋爱

很多研究《聊斋志异》的，都没有像我那样进行过第二个话题的研究，那就是蒲松龄为什么能够写那么多的爱情小说。

在上个世纪80年代初，就曾经讨论过这个问题。有一个叫田泽长的教授，他发表了一篇文章，叫作《蒲松龄的第二夫人》。他认为蒲松龄是有一个情人的，两个人因为相爱而父母不允许就私奔到了扬州。蒲松龄带着他的情人在宝应生活，还生了儿女。最后这个情人死了，蒲松龄写了一篇文章来悼念她。

当时我就去看这个老师写的这篇文章，看完了以后，我就琢磨，蒲松龄有个第二夫人吗？这个文章里面的主角真的是他第二夫人吗？我拿来推敲。我先看到了八个字，这八个字是什么呢？"射雀之客，旧本琅琊"。我们知道"射雀之客"，就是古代对女婿的说法。"旧本琅琊"，琅琊是干什么呢？琅琊是王家的这个世代豪门贵族所住的地方，所以"射雀之客，旧本琅琊"说明什么呢？说明蒲松龄写的这个文章的主角姓王，他是替姓王的人代笔写的文章。

　　但是我倒是有一个思考和别人很不一样，我说如果要想弄清楚蒲松龄究竟有一个夫人，还是两个夫人，最好的办法是要看蒲松龄的墓里面埋了两个人还是三个人。这太异想天开了吧？但是对我来说，又是可以办到的。为什么？因为"文化大革命"当中，蒲松龄的墓曾经被掘开过。所以在1980年一个凄风苦雨的夜晚，我就在《聊斋志异》那样一个阴森森，似乎有鬼叫、有狐叫的环境当中，把当年掘蒲松龄墓的红卫兵头头找来了。我让这个红卫兵头头给我讲讲蒲松龄墓里面，是一具遗骨、两具遗骨还是三具遗骨。

　　这个当年的红卫兵很害怕，他以为我是公安局的呢。我就赶快跟他说，我既不是公安局的，也不是稽查办的，我是大学老师，要写《蒲松龄传》。但是我当时说了一句很不得体的话，我说："我请你帮助我。"他说："我怎么能帮助您呢？"我就说："您是当代见过蒲松龄的不多的几个人。"一讲完这句话我就觉得太不得体了，我说："对不起，您是见过蒲松龄遗骨的不多的几个人。"这个当年的红卫兵告诉我，掘开了墓里面有两具遗骨。那就是没有第二个夫人。

　　那我就琢磨了，那么一对一辈子的柴米夫妻，妻子连字都不识，蒲松龄为什么能写那么多美丽的爱情小说呢？我说这完全是想象，就像雨果说的，想象是伟大的潜水者。蒲松龄住在他的书斋里面，半夜就在想象，鬼也来了，狐也来了，都是美丽的少女，来跟他谈情说爱。

但是后来经过进一步研究，我发现蒲松龄当年到扬州的时候，在孙蕙的幕中认识了一个扬州姑娘。为什么我说她是扬州姑娘呢？因为孙蕙当时的活动范围就是在宝应、高邮、扬州。他在这里纳了一个妾，叫顾青霞。这个顾青霞，蒲松龄跟她的关系非常的微妙。蒲松龄写了很多言颂顾青霞的诗，说顾青霞吟起唐诗来，好像三月的黄莺在柳树上啼鸣。而且我还发现蒲松龄有一首长诗，写的是《为友人写梦八十韵》，他就把顾青霞这个形象幻化为一个仙女来谈恋爱了。而我更进一步研究，就发现在《聊斋志异》当中，出现了一个非常奇怪的现象，那就是《聊斋志异》的作者蒲松龄，在中国古代小说史上是第一个写精神恋爱的。

咱们中国古代的小说也好、戏曲也好，写男女爱情很容易写成一见钟情。比如说《西厢记》，一开始崔莺莺出来了，张生也过来了，两个人一见面，张生一看到崔莺莺马上魂就掉了。来了一段唱词："颠不刺的见了万千，似这般可喜娘的庞儿罕曾见，则着人眼花缭乱口难言，魂灵儿飞在半天。"一见一个美丽姑娘，一见钟情了，然后两个人终成眷属了，蒲松龄也有很多这样的描写。甚至有一个我教的外国留学生，曾经问过我这样的问题："老师你怎么说中国古代的文人非常含蓄？中国古代的男女在婚姻问题上很严肃，那么在蒲松龄的《聊斋志异》，为什么很多的男女他们一见面就上床了呢？"我就说："你要注意在《聊斋志异》当中，固然有很多那样的描写。但是你一定还要注意到在《聊斋志异》当中，居然有精神恋爱。"

我给留学生举了一个例子，《聊斋志异》有个故事就叫《宦娘》。《宦娘》就是写了一个喜欢弹琴的温如春，在路途留宿店家的时候，他遇到了一位美丽的姑娘宦娘，马上求婚，被拒绝了，不说明理由。然后又到另外一家弹琴，又遇到了一个美丽的姑娘葛良工，又去求婚，又被拒绝了。但是就围绕这一女一男，发生了很多莫名其妙的事情。最后他两个的恋情就促成了。简单地说，就是葛良工捡到一首怀春词，自己抄了一遍，被她父亲发现了，父亲决心要把她嫁出去。

一宣布要嫁女儿，很多达官贵人的儿子都来求婚。有一个大阔少爷来了，什么都很好，既漂亮又显赫，已经决定要留他做女婿了。但是在他走之后，他的椅子底下居然有一双女人的睡鞋。然后温如春家里的绿菊花变绿了，而绿菊花是葛良工家的祖传，只有小姐在闺中培养。最后葛良工的父亲怀疑两人有私情，不得不把葛良工嫁给了温如春，两个人结婚之后才发现，有人在夜里在向温如春学弹琴。葛良工拿自己家传的古镜一照，照出了当年温如春去求婚而没有得到允许的那个宦娘。宦娘才跟他说："我是一个死了一百年的女鬼，你爱上了我很感动。我又不能跟你结婚，怎么办呢？我就促成你和你爱的人的婚姻。"所以调他人之琴瑟，代薄命之裳衣，促成了温如春和葛良工的爱情。宦娘自己就说，我们两个人该怎么办？寄希望于来生。

我就在琢磨了，蒲松龄写的这种精神恋爱，在很大程度上，就跟他所暗暗喜欢的这个顾青霞是有关的，也就是和他扬州的生活有关。这样的故事在《聊斋志异》当中占了非常多的比例。

《聊斋志异》中的宗教观

我想讲的另一个问题是，《聊斋志异》里的宗教观。我说，如果蒲松龄《聊斋志异》里面没有宗教观点，《聊斋志异》就不复存在了。为什么这样说呢？我们知道蒲松龄，他的字叫留仙，他的号叫柳泉居士，他是位居士。蒲松龄写的《聊斋志异》里面，充满了我们现在中华民族非常认可的那种善恶观念。

蒲松龄笔下的善恶观念，经常是借助佛教的很多东西来表达的。比如说《聊斋志异》的第一篇《考城隍》。我们现在研究《聊斋志异》的，从上世纪60年代开始都是用马克思主义来研究。所以特别不去注意这一篇。为什么呢？宣传封建迷信。《考城隍》是写一个叫宋焘的人做梦，梦到去考试。几个考官坐在那里，考题发下来他就写答卷。在他的答卷当中出现了几句很引人注目的话，什么话呢？"有心为善，虽善不赏，无心为恶，虽恶不罚。"很容易理解。你带着作秀的心情去做些善事，做了善事也不要赏；无意之间做了恶事，上天也不会惩罚。这就是蒲松龄的第一篇《考城隍》，就提出了这么一个善恶的观念。前辈的《聊斋志异》点评家认为这个观念是始终贯彻的。《聊斋志异》这本书当中，我觉得这个观念是很对的。

《聊斋志异》当中写善有善报，恶有恶报，用了很多故事。他写了一些我们山东地区非常小的事情，比如说一篇叫作《孝子》，就是写的山东淄川。这个地方发大水了，整个村庄被淹了，有一个农民和他的妻子两个人扶着母亲到了高地上，让母亲逃出了水灾。他当时有两个选择：或者是扶母亲，或者是扶两个孩子。他们两个人就选择把母亲扶到高地上，孩子没管。等着水灾过后，他们怀着忐忑不安的心情回到家里面，发现村里面几乎所有的房子全部倒塌，就是他们家的房子好好地竖在那里，两个孩子在家里面一边玩一边笑，这是上天回报了孝子。

还有一个故事叫《杜小雷》。我非常不愿意提到这个故事，但是这个故事很典型。他写的是我的家乡青州的一个传说。当中的一件事情就是一个叫杜小雷的人，他的妻子非常的忤逆、不孝，坏到什么程度呢？杜小雷的母亲眼睛瞎了，杜小雷的妻子在给她的婆母准备饭的时候，在饼里面夹上了屎壳郎，本来应该是往里面加肉。母亲一闻就发现这里面有问题，就没有吃，等儿子回来以后，就告诉儿子了。儿子回来一看，媳妇给婆婆夹上屎壳郎，很生气。但是他也怕老婆生气，并没有去教训他的妻子，只是说你赶快走。他的妻子在地上徘徊不肯走，一会儿工夫，她的两条下肢变成了猪腿，杜妻竟然变成了一只人立而蹄的猪。这就是蒲松龄发挥的天才的想象。然后县官就牵着这个猪，叫它游街，大家都看看不孝的人会有什么样的下场。

我觉得在《聊斋志异》当中，用这种善恶观念来教训一些占据高位的人，写得最生动的一篇就是在唐传奇基础上写的《续黄粱》。黄粱梦是一个人做梦了，做梦之前在蒸黄粱。梦中做了大官，做了大官又被贬斥了、受罪了，梦醒了之后黄粱未熟。蒲松龄这个写的是有一个人考中了举人，得意洋洋。有人就恭维他，我看你这个面相，可能是二十年的太平宰相。这人一听说我要当二十年宰相就得意了，马上封官爵，说我当了宰相，谁谁谁去当什么官、谁谁谁去当什么官，就连我们家的老仆人也可以作一个千把——就是营长连长的担子。就在他说这一套的时候，旁边有一个眼睛是凹进去的、鼻子是高高的人，这是个胡僧，就是西方来的僧人，对他是"淹蹇不为礼"，就是不搭理他，然后让他坐在那里。一会儿的工夫睡着了。

在梦中，这位曾孝廉果然做了宰相。做了宰相看谁家的姑娘长得漂亮就抢过来，谁家的田、谁家的房子好就抢过来。卖官鬻爵、声色犬马、荒淫无耻，结果被包龙图上书告到皇帝那儿，下令充军。充军的过程当中，遇到几个所谓盗贼，他要把自己的金银全献出来。盗贼说："我们就是要你的命。"结果他被杀了，被杀以后进入地狱。这个地狱，我们讲中国小说史的时候，都说是魏晋南北朝开始就进入中国小说里面。小说里面完整的地狱形象，是在六朝小说出现的。但是到了《聊斋志异》当中，地狱这个概念和现实生活当中人民的很多愿望都结合起来了。蒲松龄《续黄粱》里写的这位贪官，到了地狱之后，阎王爷就下令判官查一下他生前的罪恶。卖官鬻爵这个应该上刀山——扔到刀山上；侵吞良民的田地、抢人的儿女，这个应该下油锅——扔到油锅里。查到最妙的是，他还贪污了 325 万两银子。阎王爷下令把所有的银子全拿来，放到大锅里面熔化了让他喝。我看到这个地方的时候特别感慨：蒲松龄是天才，太突出了！

我还发现蒲松龄是特别崇拜观世音的。他似乎对如来佛，对其他的佛都不像对观世音这样崇拜。我也一直在分析这个问题，为什么？因为观世音是救苦救难。菩萨总是可以在你最苦最难的时候出手相助。我经常跟大家提到《聊斋志异》里面的观世音，和其他小说里面的观世音是完全不一样的。这里是个什么形象呢？是个平民观音。

《聊斋志异》的《菱角》写到一男一女，一个叫胡大成，一个叫菱角，两个人相爱。这个胡大成的母亲从小就信奉观音菩萨，嘱咐自己的儿子每次经过观音祠一定要进去拜。这样拜的结果，根据清代点评家的观点就是，胡大成和这个美丽的少女菱角，两个人在观音祠一见钟情。然后怎么样呢？"洒下一滴杨柳水，浇开人间并蒂莲"。观音菩萨使得他俩一见钟情了，然后两个人在战乱当中分离了，两个人的爱情都受到考验。菱角的父亲逼她要嫁给有钱人，而胡大成没有人管，流落他乡。

他突然遇到了一个老太太，在自卖自身，她说："我要把我自己卖掉，但是你买我，我既不给你做妻子，也不给你做奴隶。谁要买我去做妈妈？不要钱。"周围的人哈哈大笑，卖身的人哪有去给人做至高无上的母亲，这个老太太就这样卖。胡大成一看这个老太太模样，很像是自己的妈妈，就说，你跟我回家吧。然后就喊妈妈了。这个妈妈就管他给他做饭、缝鞋，对他嘘寒问暖，他生病了就照顾他。这个妈妈何许人也？观音菩萨。观音菩萨最后大施魔法，把这一对有情人牵到一块，有情人终成眷属。

所以我觉得蒲松龄这个作家非常不简单。他只有在山东做秀才的这样一个经历，只有一年到扬州、到宝应、到高邮南游的经历，但是他能够在自己的《聊斋志异》当中，写出那么广泛的内容。为什么？就是因为他对中华文化广泛而深入的研究。中华文化包括很多的方面，儒家典籍、传过来的佛教文化、我们的道教文化，他都有研究。所以在很多小说里面，我们就看到这种痕迹。

黄狸、黑狸，得鼠者雄

蒲松龄的《聊斋志异》当中体现了很多哲理，很不得了。大家可能绝对想不到，也是我研究《聊斋志异》的一个很新的发现。我们知道咱们改革开放设计师邓小平的著名理论："不管白猫、黑猫，抓住老鼠就是好猫。"哪儿来的？很多人说，这是我们四川的一句口语。但是后来我有一个很重要的发现。

前几年，我的研究生毕业的时候，我请了中国红学会会长张庆善来主持答辩。张庆善就跟我聊起一件非常有趣的事情，张庆善居然被邀请到邓小平的书房去做客。为什么？因为有一天《红楼梦学刊》来了一位老太太，这个老太太带了一个小姑娘，问我能不能把创刊以来的全部《红楼梦学刊》都补齐。这个老太太来要这么多的刊物，《红楼梦学刊》的副主编孙玉明就告诉她，不可能的，很多大红学家从来都没有配齐。过了几天就有人通知请《红楼梦学刊》的人到卓琳同志那里去谈一谈。原来那天来的那个老太太是卓琳。

卓琳把他们请到家里面，邓小平的书房里面一个书橱全部是《红楼梦》。张庆善就问了："邓小平喜欢《红楼梦》吗？"卓琳告诉他，"不，我喜欢。""那么邓小平喜欢什么书？""写鬼的书。"《聊斋志异》吗？""是的，是《聊斋志异》。"邓小平喜欢《聊斋志异》到什么程度呢？《聊斋志异》是一卷一卷很厚的。邓小平要南巡，要出差到别的地方去。邓小平每次都要带着《聊斋志异》，但是这么厚没办法带。邓小平告诉工作人员，你给我拆成活页文学，出去就带上几页。

我就想了，邓小平如此酷爱《聊斋志异》，《聊斋志异》在思想上会不会对这位当代伟人起作用？

恰好我在做一本书，重校评点《聊斋志异》。评点到《卷三》，出来了一篇文章叫作《驱怪》。写的山东有一个人家里面有妖精，他听说有一个秀才能够驱怪，就把这个秀才请来了。但是他不告诉秀才你是来驱怪的，只是请他吃饭。吃完了饭，把他弄到花园里面，然后所有的人全撤退了，就剩一个秀才孤零零地待在那里，很奇怪。秀才只好就睡了，迷糊之中，突然听到楼梯喀哒喀哒地响，他就害怕了。他把脑袋蒙起来，掀开一个被角去看，进来了一个青面獠牙的、长了很多黑毛的大怪物。蒲松龄写得那是太好玩了，这个妖怪和《西游记》里的妖怪都很不一样。按说这个妖怪进来应该赶快吃人或是怎么着，这个妖怪一进来看看那个桌子上有很多的剩菜，就先把这剩菜全吃了。这个秀才很害怕，把自己那床被子突然掀起来，就蒙在妖怪的头上大喊大叫。妖怪也纳闷了，这是什么武器？吓得回头就跑。它跑了，秀才也跑了，秀才就跑到这家的马厩里面待了一夜。第二天告诉他的主人说："你要我住在这儿，里面有妖怪，你也不告诉我。我专门驱怪的如意钩没带来。"但是从此妖怪就消失了，再也不来了。

这是《聊斋志异》里面非常不起眼的一个故事。但是问题就在后面了，我们知道蒲松龄写《聊斋志异》是模仿《史记》的。《史记》是司马迁的作品，司马迁是太史公。司马迁写完了《项羽本纪》，写完了《秦始皇本纪》，总是要在一些篇章的后面加"太史公曰"，意思是我写完这些历史，我要发表我的意见。

蒲松龄在写完《聊斋志异》之后，他经常在最后来一句：异史氏曰。你是太史公，你是写历史的，我是写异史的，是写小说的，我也要发表一番我的意见。他发表了什么意见呢？第一句话八个字："黄狸、黑狸，得鼠者雄。"翻成白话：黄猫、黑猫，抓住老鼠就是好猫。我看到这里，真是喜从天降。我说，哎呀！邓小平理论原来是从蒲松龄那儿来的。为什么呢？我去查《邓小平文选》，《邓小平文选》多少页、多少行，我都查出来了。邓小平的原话，就是我们在发展生产关系的时候，就是要用那种能够促进生产的形式。"黄猫、黑猫，抓住老鼠就是好猫。"把它翻译成文言："黄狸、黑狸，得鼠者雄"，和《聊斋志异》一字不差。所以是太不简单了。

更有意思的是我写了一篇文章《邓小平和〈聊斋〉》。发表之后，有一天，突然接到一个电话，中宣部的老部长翟泰丰说："马瑞芳，我看了你的文章，我告诉你，邓小平关于这个事，他还跟我说过话。"我说："啊！说什么话了？"他说："邓小平跟我说过，'黄猫、黑猫，抓住老鼠就是好猫。'并不是我邓小平的发明创造，是刘伯承的。我们当初带兵，刘邓大军怎么样打仗？刘伯承就说'黄猫、黑猫，抓住老鼠就是好猫。'打好了仗就是好将领。"你看那个《亮剑》里的李云龙，那简直像个土匪，但是就是打胜仗，所以他就是个好猫。这个观念是多么对，对我们中国社会的发展、经济的发展、人心的向背起了多大的作用，而这个观点就来自于我们伟大的蒲松龄。所以我说蒲松龄太不简单了。

《聊斋志异》可以当历史来读

蒲松龄的不简单并不是马瑞芳看出来的。蒲松龄的不简单是由当代的一位最伟大的人物，毛泽东主席看出来的。所以我说我研究几十年《聊斋志异》，我的两个重要的发现：一个是邓小平的某个理论是来自于《聊斋志异》。还有一个重要发现，就是毛泽东主席关于"小说可以当历史来读"这个发现，并不是来自于《红楼梦》，而是来自于《聊斋志异》。

这就和我平时爱乱翻书有关了。因为我先生他是研究现当代文学的，他就有很多现当代文学的书。我没事的时候就去翻他的书，我翻了一本书叫《延安文艺运动纪盛》，居然就翻出了陈荒煤先生的一篇回忆文章。他回忆什么呢？在延安文艺座谈会讲话前夕，毛泽东主席请陈荒煤、何其芳，还有几个文人到杨家岭去谈文艺问题，谈着谈着就谈到了《聊斋志异》。

毛泽东主席就说《聊斋志异》可以当作清朝的历史来读。比如其中有一篇《席方平》，它里面写的实际上是那个时代官官相护，残害人民。陈荒煤就把这个话记录下来了，发表在延安的报纸上。接着丁玲就发了一篇文章。我们知道，丁玲和毛泽东主席关系是非常好的。丁玲接着就发了一个感慨，说，你看，我们都看《聊斋志异》，我们都没有看出这个内容来。还是毛主席看得深刻。但是毛泽东主席关于《聊斋志异》的这个观点，被当作延安文艺座谈会的一件非常不重要的史料给淹没了，一直没有人把这事提出来。

那么我们就要问了，毛泽东主席为什么能够通过《席方平》，认为这是写了清朝的历史？这很微妙的。《席方平》实际上就是写的一个在地狱里面告状的故事。席方平的父亲受到豪强的迫害，但是豪强先死了。这个豪强姓"羊"，并不是白杨树的杨。这个是蒲松龄故意要叫他姓这个羊，用"羊狠狼贪"这个词。羊某就把席廉，就是席方平的父亲也抓到地狱去了，也死了。席廉就托梦告诉自己的儿子，现在我们在地狱打官司，打不过他，怎么办？席方平就到地狱去帮他的父亲。到了以后发现父亲已经被打得鲜血淋漓，腿都烂了。怎么办？席方平去告状，告到城隍，就相当于咱们地市这一级，输了。告到郡司，相当于山东省江苏省这一级，又输了。再告到阎王爷那儿，阎王爷怎么处理？不打被告打原告，上来不管三七二十一，先打二十大板。这个席方平铁骨铮铮，说："小人何罪？"阎王爷不回答。然后他自己就判自己的罪了："我有罪，谁叫我没钱，我活该挨打，我没钱啊。而那个羊某是上上下下全都买通。"

　　毛主席特别欣赏的就是《席方平》里面有一个细节：席方平去告状，阎王爷打他，不屈服。扔到油锅里炸，不屈服。阎王爷就下令用大锯把他锯成两半。小说里面写两个小鬼把席方平绑在架子上，锯声隆隆，顶脑渐辟，就锯下来了。席方平忍而不号，一声都不吭。这样这两个小鬼锯着锯着，其中一个小鬼被感动了，这个小鬼说："壮哉，此汉！"刚好锯到心脏，这个小鬼就说了，此人大孝无辜，我们不要把他的心脏锯成两半，我们锯偏一点吧。就沿着心脏的旁边曲曲折折锯下来，就更疼了。把人锯成两半以后，阎王爷下令把这两半合起来，再来见我。小鬼就把他两半再合起来，中间就有一道缝，这个缝时时会裂开，走几步就好像要裂成两半了。这时候，小鬼从腰里面掏出一条丝带来对席方平说："赠此以报汝孝！"你是个大孝子，给你拴到腰上锯成两半的痛苦就没有了，下油锅挨鞭打的痛苦全都没有了。毛主席欣赏这个情节，说，小鬼同情席方平，给他赠丝带这个细节太棒了。所以毛主席说，《席方平》应该选进中学课本。

《聊斋志异》的自然生命观

《聊斋志异》里面像毛泽东主席注意到的这种写官场黑暗的东西，当然是非常多了。但是《聊斋志异》里面，我觉得我们作为现代读者，作为被各种各样的转基因食品、化肥食品、农药食品害苦了的现代人，应该有更多启示。

我大概在十年前参加中国作家代表团，去访问阿拉伯。到阿拉伯之后，我一吃那个地方的牛肉，这个怎么这么好吃？阿拉伯的朋友就告诉我说："我们这个地方比较落后，牛都还是吃原来的一般的草，生产的数量也非常少，我们这儿没有转基因食品。"你看现在中国，这个是转基因的，那个是化肥的，咱们在损害大自然。

《聊斋志异》里面特别能够体现众生平等这个观点。所以有一次我在国际美学讨论会上做了一次报告。我说《聊斋志异》是中国古代最好的绿色环保小说。为什么这样说呢？《聊斋志异》把人和自然的关系写得太融洽了，我们可以看几个非常不可思议的例子。

比如说有个故事叫《赵城虎》。就是写有一个老太太的儿子被老虎吃掉了，这个老太太就到官府去告状，说："我的儿子被老虎吃掉了，你得给我抓老虎来惩罚。"这个县官为了安慰这个老太太，说："谁能够去抓老虎啊？"这时候有一个人喝醉了，这个人的名字也非常有趣，叫李能。你看他逞能不逞能，他说："我能。"他以为是安慰一下老太太就算了，结果老太太走了以后，县官说："你既然答应了，你就得去抓老虎。"李能抓了半天没抓到，挨了几次棍子，被打得皮开肉绽，到东岳庙去祷告："哎呀！大老虎我可是叫你害苦了。"正在祷告，一只老虎来了。在当门那儿像小狗那样一坐，大模大样就看着这个李能。李能就说："是你吃了她的儿子吗？你吃了她的儿子，我可要把你给带走了。"老虎毫不畏惧，摆出一副好汉做事好汉当的样子。李能就把它拴了，拉到衙门去了。

拉到衙门以后，县官就审案了，说："老虎，某某的儿子是你吃的吗？"老虎点点头。"杀人偿命。你知道吧？"老虎点点头。然后县官就说："你如果还给她儿子，我就不杀你。"老虎又点点头。县官就说："放了。"老太太就不干了，说"你抓住杀我儿子的老虎，你不杀，你把它放了！"就号啕大哭，回家了。门口摆了一只鹿，老虎给拿来的。需要花钱的时候有鹿，有其他的猎物，还有银子。我也不知道，老虎它又不生产银子，从哪儿弄来的银子？老太太没了儿子，过得比有儿子还阔还滋润，安享晚年。最后死了，大家用她剩下的钱把她送葬了。安葬了之后，大家都在坟前悼念老太太的时候，老虎来了。老虎到坟前嗷嗷大叫，就好像儿子哭母亲一样。哀号了一阵就走了，从此老虎再也不来了。平时它经常来老太太这儿，趴在窗户底下跟老太太和平共处。这多么不可思议！这是兽中之王，蒲松龄竟然把它写得如此的有人情味。当然我希望大家不要相信这是真话，因为有一个《聊斋志异》的点评家早就提醒大家了，"倘若山君能作子，吃尽世间爷娘多"。老虎要真当了儿子，天下的爹娘都吃光了。这是美丽的想象。

还有一个不可思议的事情，我们平时骂人，说这个人长得獐头鼠目的。骂人獐头鼠目的，就是很不怎么样。但是你看看《聊斋志异》当中出现了两个故事，一个故事叫作《花姑子》，一个故事叫《阿纤》。这个《花姑子》就是写的有一个叫安生的人，他喜欢放生。就是你不是打了猎物吗？我给你钱买下这个猎物，把它放归山林。这个人是一个17世纪的绿色和平组织的发起人。

他曾经抓住一个香獐。买了放生了，后来在他走夜路，马上就要进入蛇口，一只大蟒蛇准备吞掉他的时候，一个老头把他领走了。这个老头就是老香獐化的，领到他家里以后，他的女儿花姑子，大家看看蒲松龄这个老爷子是太聪明了，我们山东有句话，"那一个女孩长得漂亮，叫作花骨朵。"就是含苞欲放的蓓蕾，花骨朵。他给这个女孩起名叫作花姑子，就是像花骨朵一样的，像含苞欲放的鲜花一样的一个小姑娘，漂亮、聪明。她和安生相爱了。而有一位蛇精冒充花姑子要把安生害死，花姑子为了救安生，把自己多年修行的道行全部牺牲了。

这位老香獐虽然反对自己的女儿和安生相爱，但是当安生被蛇精害得性命已经奄奄一息了，已经魂灵都出窍了，这个老香獐到阎王殿上哭了七天七夜。大家不要觉得七天七夜是随便的一个数字，他为什么不哭三天三夜，不哭八天八夜？蒲松龄有学问。七天七夜这就是暗喻秦庭之哭。我们知道申包胥为了救助自己的国家，在秦庭哭了七天七夜。而这位老香獐为了用自己的生命换回那位被蛇精害死的安生，他也哭了七天七夜。

所以蒲松龄最后发表这样的感慨：人之异于禽兽者几稀。人和大自然的很多的生命是很难区别开来的。所以蒲松龄非常喜欢利用自然生物的特点，用诗意化的笔墨来做一些非常漂亮的小说。这个《花姑子》是写一个以恩报恩的故事，写一个人和香獐相恋的故事。

而《阿纤》居然是写一个人和小老鼠相恋的故事。我们都说老鼠不好，而在蒲松龄的笔下，小老鼠居然就幻化成一个很秀弱的、很勤劳的、很会积攒粮食的少女，出来和人间的书生相恋，而且这个少女在家的时候，他的家就是很阔、很富裕的。这个少女被他的家长驱逐走之后，他的家就败落了。这些文章都写得非常妙。可以说是大自然有什么样的生物，《聊斋志异》就幻化出什么样的生灵。这些生灵身上有生灵本身的特点，但是也有太多的文学的诗意化的内容。

比如，我们知道，中国现在把好几十种动物列为国家一级保护动物。白鳍豚，这是中国的一级保护动物，在蒲松龄的笔下白鳍豚虚化出来一个什么样的故事呢？虚化来一个诗人的爱情故事。有一个经商的慕生，他喜欢诗，喜欢念诗。每当他念诗的时候，都有一个很漂亮的少女叫白秋练在窗前走来走去。最后两个人因为诗歌相恋，结婚了。这个少女跟着书生回到北方了，但是她必须要把她家乡的水灌上带去。吃饭的时候，就像加味精一样加上一点。当这个水喝完了之后，她就死了。死的时候，就告诉恋人说，我死了，不用埋。把我放在那儿我可以不朽。你每天念杜甫、梦李白，你念诗，我就不腐朽。然后等我家乡的水运到了之后，你把我放到水里面泡一泡，我就能够复活了。她的恋人每天就念杜甫、梦李白，就没有腐朽，等到水运来了以后，把这个白秋练泡到盆里面，一会儿就复活了，这个太好玩了。因为她是白鳍豚幻化成的，她既有喜欢诗的这种女诗人特点，她又有水族的特点。

更不可思议的是一个最优美的《聊斋志异》爱情故事《西湖主》。写一个书生因为救助了一个大自然的生灵，最后过起了神仙一样的日子，娶了一个公主。他救助了一个什么样的生灵呢？他在湖上坐船的时候，有一个将军，射箭射中了一只猪婆龙。猪婆龙就是扬子鳄。扬子鳄受伤了，这个书生陈弼教看它受伤了，开玩笑地拿云南白药给它抹了抹。后来他在西湖岸边遇到了一个美丽的公主，公主的母亲竟然就决定把这个公主嫁给他，最后揭开了谜底，公主的母亲就是当年被射中的猪婆龙。

所以我就觉得像蒲松龄这样的作家，想象力实在是太丰富了。大自然有什么生物，我就有什么样的小说。大自然的生物是什么样的特点，我小说里面的人物可能就有和它近似的特点。我前几年经常到北京去参加中国作家协会开会。我们那个委员会的讨论小组山东组，和北京组是在一个组。北京组有两位很杰出的女作家，一位就是两次获得茅盾文学奖的张洁，一位就是《少年天子》的作者凌力。我们讨论开会的时候，有一次凌力就问我："马老师你最喜欢《聊斋志异》的哪一篇作品？"我说："我最喜欢《婴宁》，写狐狸精的。"我问："你最喜欢哪一篇作品？"她说："我最喜欢《绿衣女》。"我听了以后说："对，我也很喜欢，而且那篇作品确实是太妙了。"我接着问："为什么喜欢？"这位当代文坛很著名的女作家就告诉我，她说："马老师，我发现这个《绿衣女》，把女性的那种非常低调、非常胆小的特征都写出来了。我看中国古代的小说很少见。"

这个《绿衣女》是个什么样的故事呢？就是写我们山东，也是我的家乡青州，有一个人深夜在偏僻的乡村庙宇当中读书的时候，突然听到窗外有人说"于相公，勤读哉？"很轻的、很柔的、很细的女性的声音。一边说着，推门进来了一个美丽的少女。绿衣长裙，绿色的衣服，婉妙无比，非常漂亮。一进门还是"勤读哉"？哎呀，读书读得这么辛苦啊？然后于相公就说："你哪儿来的呀？"他就怀疑，深山老林哪来这么漂亮的姑娘，莫不是妖精吧？这姑娘很会说话，说："你看我这样，像是个能吃人的吗？你就别问了。"他也就不问了。两个人就相好了。

这个于相公就发现这个美丽的姑娘，她的腰细殆不盈掬，她的腰这么细，唱起歌来令人觉得特别好听，而且这个姑娘经常说："我们两个的因缘是不是就这一次了？我们两个因缘快要完了？"有一天，当那个姑娘出去的时候，于相公听见她刚出去，就有人喊"救命啊！救命啊！"跑出去一看，没有人。但是在屋檐当中，蛛网上面，有一只非常小的小绿蜂被网住了。于相公把它挑下来，这个小绿蜂就飞到他的桌子上，到砚台上用它的小爪子沾上墨汁，写了一个字：谢。然后振动着小翅膀飞走了。

凌力非常喜欢这篇文章，因为这个女孩子的低调和胆小写得太棒了。我说："凌力，我建议你注意这个七百字的文章，里面有一首很不引人注目的小词。"什么词呢？就是这个小绿衣女唱的歌，他写出了一种蒲松龄幻想的、那种经过爱情挫折的女性的心态，而这种爱情挫折是你做梦都想不到的挫折。她唱什么呢？"树上乌臼鸟，赚奴中夜散，不怕绣鞋湿，只恐郎无伴。"什么意思呢？我本来是树上跟另外一个小雄蜂成双作对，夫妻恩爱的小绿蜂。但是树上那个乌臼鸟把我丈夫吃掉了。赚奴中夜散，我没有小绿蜂的伴侣了，怎么办呢？不怕我的绣鞋打湿了，我到人间来找一个书生，跟他做伴。

所以我跟凌力说："你看到了吗？这就是一朝被蛇咬、十年怕井绳。她曾经有过爱情的失败，所以她再次相爱的时候，她总是觉得我这爱情不保险，所以你得明白蒲松龄是怎么样从绿蜂转换到人类，你才能够知道他的魅力。"所以在蒲松龄的笔下那真是琳琅满目数不尽的精灵，每一个精灵都有它自己的魅力，每一个精灵都使得我们这些读者产生无尽的想象。

扬州讲坛

《聊斋志异》里的狐狸精

大家觉得《聊斋志异》里面写得最多的、最引起大家注意的精灵是什么？狐狸精。在蒲松龄的柳泉艺术馆旁边雕了一组狐狸像，就是大自然中的狐狸的样子。在蒲松龄的故乡有一段俗话就是：他们是精灵，谁如果摸了他的鼻子，谁就走运了。所以凡是到那个地方的人，都要摸一下狐狸的鼻子。蒲松龄柳泉艺术馆前面的狐狸的雕像是青石板雕成的，所有的整体全是青石板的样子，而他的鼻子已经变成大理石了，纯黑的，有多少人摸过？

为什么说蒲松龄的狐狸精写得最好？中国古代有写狐狸精的传统，我统计了一下在蒲松龄之前，中国古代文言小说收到宋代的类书《太平广记》里面写狐狸精的作品，82篇。无巧不成书，《聊斋志异》里面设计狐狸精的也是82篇，而蒲松龄他彻底地颠覆了写狐狸精的传统。咱们中国古代的六朝小说当中，狐狸精是什么？是狐媚男人的狐狸精。通过蛊惑别人，自己炼丹的。所以骆宾王写讨武则天的檄文，他要说："狐媚偏能惑主。"但是到了蒲松龄的笔下，只有那些最纯洁的、最善良的姑娘，才是以狐狸精的形象出现的。

我为了这个事，还被全国的很多小报骂得狗血淋头。为什么呢？我讲到《娇娜》，说《聊斋志异》娇娜这个狐狸精，十三四岁，细柳生姿，娇波流慧，就是长得身材像杨柳飘动，眼睛里面一闪流出来的是智慧。不是卖弄风情，这个小狐狸精，这很像我们的初中生。很多的小报记者就骂马瑞芳岂有此理，竟然说初中生是狐狸精。这不是偷换概念吗？我说她像狐狸精并不是说初中生都是狐狸精，这个小狐狸精是干吗的呢？她来治病救人的。

孔生胸前不是长了一个巨痈吗？她拿自己炼出来的丹来治疗，

这个细节写得太棒了。孔生在胸前长了一个碗大的巨痈，疼得不得了，这个女华佗一进门来给他治疗，一看到女华佗来了，立即就不疼了。一位女华佗来给他开刀、排脓，这个孔生就想，是开刀的时间越长越好，这样的话女大夫就一直跟我在一起。

所以我就说《红楼梦》很多地方是学《聊斋志异》的，比如说，贾宝玉挨打喊姊姊妹妹，就不疼了，大家都说天才的创造，我说非也，这是曹雪芹学的蒲松龄，挨打了喊姊姊妹妹，不疼了有什么了不起，开刀都不疼，只要是女华佗，开刀都行。娇娜用自己炼的金丹给他治好了病，当这个女华佗、狐狸精的全家遭到雷霆之击，孔生仗剑保护，牺牲了生命的时候，娇娜也吐出自己的红丸，接吻而呵之，嘴对嘴地吐到孔生的肚子里面，把他救活了。这还叫害人的狐狸精吗？这是自己千年炼出的金丹，去治病救人。

我最喜欢的是《婴宁》中的狐狸精婴宁。为什么呢？婴宁这个人一辈子，两大爱好：一爱花，一爱笑。没有理由的爱花，没有理由的爱笑。蒲松龄最后才交代她是狐狸精，但是她绝对没有传统当中的那个狐狸精来蛊惑男人来害别人这种举动。非常纯真的她，是长在深山，长在野花丛中和山鸟为邻，一个像野花一样烂漫，像清泉一样透彻的这么一个纯洁的少女。蒲松龄给她取了一个名字叫婴宁。

我们看《聊斋志异》，不要把它当故事看，真得把它当中华文化典籍来看。因为《聊斋志异》里面任何一个人物的命名都不是一般的、随手的。婴宁，婴儿的婴，安宁的宁。哪儿来的？由《庄子·大宗师》中的撄宁来的。撄宁是个什么状态？撄宁就是心静神安，不为外界所扰动的一种状态。这也可能是一种参禅悟道的状态？那么一个小姑娘，她就是那样的纯净，那样的热爱人生，热爱自然，什么事情都一笑了之。蒲松龄在写这些狐狸精的时候，他写了治病救人的、舍己为人的，他还写在男人一筹莫展，家庭全都毁灭的时候，女狐狸精拯救了男人、拯救了家庭，所以你看中国古代八十二篇狐狸精的作品，哪有一篇能够写到蒲松龄这个份上？绝对写不到。

我还发现了一个我在很多地方都要讲到，觉得非常好玩的一个情况。那就是蒲松龄他也写到狐狸精怎么样去对付男人。原来我并没有注意，为什么后来也注意到这个问题？1990年，从美国来了一位犹太女博士，她要做《聊斋志异》的毕业论文。她奉老师之命到山东访学，她来找我，她说："马老师，我研究古代文学，我看了很多的小说，我最后发现《聊斋志异》这一本小说是最不简单。"

她讲了很多为什么不简单。为什么不简单？她甚至是在用西方的很多的观点，比如说，弗洛伊德的学说，荣格的学说等等。她还加上中国的考的学说来分析《聊斋志异》，她说马老师我就发现了一个很奇怪的现象，她说我们现在九十年代的美国，有很多的妇女杂志。我们这个妇女杂志的主要内容，就是介绍美国的妇女要在你的丈夫、在你男朋友的跟前经常保持性的魅力，美国的离婚率非常高，不结婚同居，再分手的更多。她说："我就惊讶地发现，在17世纪，在那么封建、那么闭塞的中国，竟然出现了《恒娘》这样的一篇作品。"就是写女人如何在丈夫跟前保持性的魅力，它太不简单了。她讲完之后我就去看《恒娘》。

我那个时候研究《聊斋志异》已经研究了十几年了，但是很多地方我是需要别人点拨，这个外国朋友就点拨了我。在她之前一年吴组缃先生点拨了我，吴组缃先生提示我要注意《聊斋志异》和《金瓶梅》的区别。我去看吴先生，吴先生亲自跟我讲，美国朋友这么一说，我就仔细去推敲。我后来发现《恒娘》这篇文章太不简单了，为什么这么不简单呢？它就是写在一个家庭里面妻妾争宠如何得宠这个话题，在中国古代小说里面是非常普遍，《金瓶梅》《红楼梦》都写。但是《聊斋志异》写得太不一样了。

它写的是一个狐狸精教女子如何争宠。商人叫洪大业，正妻叫朱氏，一个小妾叫宝带。洪大业喜欢小妾，实际上小妾没有正妻朱氏长得漂亮，朱氏很不平，看到隔壁来了一家，和他们家的格局一样：一妻一妾。妻叫恒娘，妾很年轻很漂亮。但是他们家的主人就喜欢妻子，这个朱氏就去问了，你有什么法术，让你丈夫喜欢你，不喜欢那个漂亮的小姐？这个恒娘就告诉她："我告诉你，你的丈夫之所以喜欢小妾，就是完全因为你整天嘟嘟嚷嚷、叽叽喳喳，你把你丈夫赶到小妾那儿去了。我告诉你一个办法，你就可以按照你的理想，易新为旧。就是你把对方变成旧的，把你变成新的，易妻为妾，把你变成像妾一样受喜欢。怎么变呢？你现在回去一个月，叫丈夫和小妾住一块，不管，然后来找我。照办了之后，第二个月你还回去把你的所有的时装全脱下来，换上最破烂的衣服上厨房、做饭。"这个朱氏很听话，这样做了一个月，她的丈夫很不忍心，就想叫小妾去帮她。"不要，我干就行了。"又干了两个月过去了，这两个月丈夫一直跟小妾住在一块，她蓬头垢面，穿了仆人的衣服，在厨房干活。这两个月又干完了，去见恒娘。恒娘说："好了，今天把你的所有的漂亮的衣服都找出来换上看看。唉，这件衣服不好，你的曲线没有表现出来。"拆了另缝，要把她的三围表现出来。所有的鞋子穿上看看，好不好看？算了，我借一双给你吧！把头给她梳得油光可鉴，你现在干吗去？穿着你的美丽的时装，踏着你的绣花鞋游春去，到野外去，游春游完了回家，你丈夫肯定要找你。

回到家里面，果然，丈夫一看，多年的黄脸婆突然变成了一个新人。她的丈夫就说，我今天晚上要到你那儿住。这个朱氏说："对不起，我累了。"关上门就睡了。第二天，丈夫还没天黑就到她房间去等着了。所谓"灭烛登床，如调新妇"，就是两个人好像新婚了，从此她的丈夫就对她寸步不离了。

这个朱氏就很奇怪，这是什么法术？就去问恒娘。恒娘说，我告诉你男人的心理，两点：喜新厌旧、重难轻易。他喜欢新的，不喜欢旧的；他喜欢难的，不喜欢容易的。过去你是个旧妻，你是个很容易到手的，你整天贴着他。你经过这样一折腾，你是新的，她是旧的。这不调了个儿了吗？完全契合男人的心理。这个朱氏恍然大悟。

恒娘又告诉她，还有一点："子虽美不媚也。"你很漂亮，但是你不懂得狐媚，你如果懂得狐媚，你可以夺西施之宠。你如果会向男人撒娇，西施都败给你。这个朱氏就问了：我怎么样狐媚？怎么样媚啊？朱氏请教恒娘两堂专题课。

第一专题课：怎么样看男人？根据狐狸精的说法，不要傻不愣登地正面去看，要斜着眼看，抛个媚眼。然后恒娘对朱氏说："抛个媚眼我看看。"朱氏就抛个媚眼给她看看了，说："非也。"抛得不对。病在左眦，你在抛媚眼的时候，你的左眼双眼皮外部表情不够生动。怎么办？回家对着镜子练习。

第二个专题课：你得学会朝着男人笑。狐狸精告诉她：你要嫣然一笑，露出你的像小糯米、石榴子儿一样的小牙。然后说："你笑一个我看看。"这个朱氏就给她笑了一个。"非也。"病在左颐，你在嫣然一笑的时候你左脸的小酒窝没有笑出来，怎么办？回家对着镜子练习。这样练习的结果就形神俱获，她的丈夫再也不离开她了。

研究到这里，我就想这个问题不是这么简单。不是说狐狸精就狐媚了男人了，蒲松龄这么一个伟大的作家仅仅写这个吗？实际上蒲松龄在这里面有更深的内容。他写的是什么内容，他写的是女人对男人不可能靠自己性的魅力，保持永久的优势。为什么？我们就看蒲松龄命名他的人物，非常讲究。他的主人公教人去狐媚男人，叫恒娘。恒娘是什么？恒娘，则永恒的媚娘也。武则天叫媚娘，恒娘就是永恒的媚娘，那么她的徒弟姓什么呢？朱氏。朱，则红也。红颜易老而追求永恒，这不叫缘木求鱼吗？

所以归根到底，女人要提升自己的能力，不能去做男人的玩偶。就像李白说的："昔日芙蓉花，今成断肠草。以色事他人，能得几时好？"蒲松龄要说的是这样一个道理。更深的是，我发现在蒲松龄这个故事当中，他实际上写的是封建婚姻的男女不平等。为什么这样说呢？因为这个故事，我是把它和古代小说另外两个著名的故事鼎足三分，是写古代婚姻悲剧写得最好的三个故事之一。《恒娘》是一个，就是妻妾争宠，那种杀人不见血的争斗。

另外一个故事《金瓶梅》里面李瓶儿和潘金莲。李瓶儿得宠，潘金莲要害死她。怎么害死她？一开始她没有把准了脉，她以为李瓶儿长得白，西门庆喜欢，她自己全身也抹了白粉。最后她才发现最关键的关键李瓶儿有儿子，母以子贵，怎么办？害死她的儿子。

怎么害她的儿子？潘金莲养了一只猫，雪狮子。雪狮子专门吃肉，潘金莲怎么驯养这只猫？用红绸子裹着肉，这样逗引这只猫。猫就扑过来，打开红绸子，一看里面一块肉吃掉了，而李瓶儿的儿子每天都穿着红绸子衣服，训练了一个阶段之后，当李瓶儿的儿子在那手舞足蹈的时候，潘金莲把狮子猫放出来了。狮子猫一看这么红的一块大肉在动，扑过去了，把孩子当场吓得没气了。多么残酷的妻妾之争！还有就是大家很熟悉的王熙凤害死尤三姐。恒娘实际上写的是完全一样的，就是在封建的男女不平等的多妻制的情况下，女人是多么的痛苦，女人的精神状态是多么的可怜。

所以读《聊斋志异》，我希望大家能够从字里行间仔细地读，能够读出它的味中之味，读出它很深刻的含义。

乔 良

　　国防大学教授。著名军旅作家、军事理论家、评论家，空军少将。他于1999年出版的著作《超限战》提出了最新的战争理念，两年之后，书中的预言在美国变成了现实。因此乔良也成为世界军事家们关注的焦点，《超限战》一书成为美国西点军校学生的必读物。

新解三十六计

乔 良

咱们且不说《孙子兵法》《三十六计》，这是中国传统文化中的重要组成部分，就说在日常生活中，我们需不需要计谋呢？其实答案是不言而喻的。有人说人生不如意十之八九，遇到困难和困扰的时候，你用什么东西去解决呢？当然得动脑子。动脑子其实就是用计，只是有人不愿意把动脑子和计联系起来，觉得我动脑子是动脑子，不是在玩阴谋诡计。其实计也不都是阴谋诡计。

人生需要设"计"

人生需要设计。设计也是计，并不是说所有的计都一定是在算计别人。这是一开始就把计，把计谋给它窄小化了。应该说，计实际上是和谋划、设计有很大的关系，并不全是在对人耍小心眼儿。中国还有一句古话，叫"害人之心不可有，防人之心不可无"。你可以不害人，但是你是不是不需要防人呢？生活好像不是这样教给我们的。生活中有些人在算计你。有一本书叫《君子为什么斗不过小人》，我不知道在座的有没有人看过这本书。

从我们的老祖宗孔子开始，就在谈君子和小人的问题。君子、小人的区别是什么？作为人他们区别都不太大，但是他们有一点区别，所谓"君子坦荡荡，小人长戚戚"。"小人长戚戚"不光是悲悲戚戚的意思，小人常常怀有某种阴暗的心理，他会在人生的事情上、人生的问题上比别人多一些算计。算计谁？当然就是算计别的人，包括那些善良的人。遇到这些小人了，我们怎么办呢？需要你动脑子去解决。有的人他的态度是打退堂鼓，有的人就是迎难而上，开动脑筋想办法。他开始进行了某种程度的设计、谋划甚至是算计，那么什么是计、什么是办法？办法就是计。

当然了，也可能有人说，你讲的这个例子不是计。但是当你用计谋的某些特点去套它的时候，你发现它也可能和计有某种关联。星云大师在他的《星云禅话》中，讲了这样一个故事：仙崖禅师有一天在云游四方的时候，在路上看到一对夫妇在吵架，吵得非常凶。这个女人对她的丈夫寸步不让，不断地骂他，说你哪像个男人。然后她的丈夫就说："你要再敢骂我，我就打你。"仙崖禅师不愿意看到他们夫妇这么争下去，就对着旁边的路人喊："快过来看啊！你们见过斗牛，你们见过斗鸡，你们见过斗蟋蟀，这都是要花钱的，现在你们看看斗人，是不用花钱的。"于是很多路人就围了过来，但是这夫妇俩继续在对骂。男人最怕女人骂什么？不怕骂你没本事，不怕骂你没本钱，最怕你骂他不是男人，这是骂男人最根本的东西。由于骂得很厉害，这个男人终于又忍不住说："你要敢再骂我，我就杀了你。"

这时候仙崖禅师一看这愈来愈激烈了，他又喊起来了。他说："大家快来看啊，现在可以看到杀人了。"然后路人就问他，你一个禅师，看到要杀人你居然不去制止。他说："我为什么要制止呢？"他现在如果杀了人的话，就一定要作法事，让和尚去超度他，我就可以领到红包了。这不是对我来讲很好的事情吗？他这么一说，这个路人就开始跟他争起来了，说你这哪还是一个法师的所为。他说："那我要怎么样呢？如果他们不吵了，我就要开始讲；如果你们要听我的，那我就开始讲法。"于是他在旁边就跟这个路人你一句我一句地争起来了，一直争到了这夫妇俩觉得自己已经不是主角了，被另外的人吸引过去了。吸引过去以后，他们俩也开始听仙崖禅师讲。仙崖禅师就开始讲人的缘分，讲夫妻之间是怎样修行，五百年修行修来的缘分，才能成为一家人。现在怎么样，你们俩吵成这样还要把对方杀了，仙崖禅师把这道理越讲越多。这夫妇俩人很羞愧，就悄悄地走了，这事就过去了。

这样的一个故事，从禅宗的公案上讲，不会把它列入计谋中去，可是你拿《三十六计》去对照它的时候，会发现它符合《三十六计》的好几个计。它首先符合围魏救赵之计。如果他直接去拉架，很可能仙崖禅师是拉不开这个架的，就像当年齐军如果要直接去救赵国，很可能他要和魏国的军队，拼个鱼死网破。双方不过都是十万大军，二十万大军杀在一起可能两败俱伤，但是齐国的大将田忌在孙膑的建议之下，去围攻魏国的首都大梁，最后他达到了自己的目的。另外他把他们都吸引过来之后，渐渐地让这一对夫妇吵架吵得没趣了，人们的注意力都被吸引到了仙崖禅师身上。这符合哪一计呢？符合反客为主之计。所以说，在生活中，这些事情和计谋都是有关系的。

人生的计谋它是无所不在的，不是说所有成了军事家、政治家、大商人的人才需要去用计，生活中需要计谋的时候非常之多。有这样一个故事，有一个小男孩九岁。他的叔叔因为没有孩子，就领养了他。养了几年时间，他的叔叔还是没有孩子，感到很无奈，后来就开始唉声叹气。这小男孩就问他的叔叔，说："叔叔，什么事情让你心里这么烦躁呢？"他说："你去！你小孩子根本不懂。"小男孩说："你说给我听听。"叔叔说："我说给你听有什么用呢？""你说给我听也许是有用的。"然后他的叔叔就告诉他说："你看我和你的婶婶，我们积攒了一笔财富。可是中国的世界是这样，'不孝有三，无后为大'。我没有孩子，将来谁来继承我这笔遗产呢？现在看来也顶多只能是交给你了。"小男孩说："叔叔你不是可以娶小老婆吗？"叔叔说："你看看你婶婶，这么一只河东狮子，这么一只母老虎，她会允许我娶小吗？"后来这小男孩说："原来是这个原因。这样吧叔叔，你放心，把这事交给我，我来帮你解决。"一个九岁的孩子，决定帮他的叔叔，把这件事办完。他叔叔也觉得奇怪，当然也不往这儿去想，根本就没有寄什么希望。

过了两天，早上，小男孩的婶婶突然听到院子里有动静，就撩开窗帘一看，这小男孩拿着尺子，在这院子里量来量去。一会儿这儿量量，一会儿那儿量几下，一会儿在纸上记一点，一会儿嘴里念念有词。他的婶婶就出来说："嘿，你干什么呢？"小男孩说，婶婶你看，你和我叔叔两个人什么都好，而且又有钱，不愁吃、不愁穿。可是你们有一样东西很发愁，就是没有孩子。等你们百年之后，这些东西就都是我的了，想到这笔财产反正迟早是我的，我现在就要规划一下。你比如说这院子，东厢房我不喜欢，我把它拆掉，西厢房怎么样改造，院子什么地方我还希望有一个喷水池，还需要有个小亭子。他把他这个规划远景方案讲了一遍，把他婶婶气坏了，这我们还没死呢！你就这么算计我们。她揪着这丈夫耳朵说："去，马上把小老婆娶回来。"他就这么轻易地帮了他叔叔。我讲这个故事主要是讲什么呢？其实小孩也有他的智慧，也需要用计，要讲计谋。中国的小孩讲，外国的小孩也一样讲。

在美国有一个小镇，有一个小男孩也是九岁。远近的人都知道他是个傻子，他有一件事被远远近近的人都关注，就是他分不清楚，一毛的硬币和五分的硬币谁大谁小。这镇上的人一见到他，就说："来来来，过来过来。"把他叫过来，扔一枚一毛的硬币，再扔一枚五分的硬币。这小男孩看一看，把那五分的硬币拿起来吹吹灰，往兜里儿一揣走了。这一下子小男孩远近闻名，所有的远远近近的人都知道这小男孩是个傻孩子。等这个小男孩已经渐渐长大，终于有一天，有个人忍不住了，就问他，你是真傻还是假傻？你真的不知道，五分的硬币不如一毛大吗？这小男孩开始没说什么，过了一会儿被他问烦了，淡淡地来了一句，如果我每一次把一毛的硬币揣到兜里，还有人再跟我扔五分的吗？这小男孩捡五分的硬币捡了好多年，但凡有一次他捡回去一毛的硬币，就不再会有人给他扔硬币。因为他们觉得他开了窍了，觉得他明白了，现在就要看他的傻看他的笑话。这个人是什么人呢？这个人就是后来的美国总统哈里逊。

究竟是谁更聪明、谁更傻？所以说，所谓计谋、谋略，其实反应的就是智慧。它在我们的生活中无处不在，无处不需要的。当然我们也不能否认，计谋中含有诡诈的成分，而有些人确实就是在玩阴谋诡计。这个在三十六计里面，有些计你怎么看它，你也找不出它善良的地方，它确实是些诡计。比如说笑里藏刀这一计，我们怎么去替它解释，也找不出它善的部分。当你遇到一些人莫名其妙地对你笑脸相迎的时候，你确实应该有所警惕。在中国这样的成语非常之多，在国外也如此。

有一个爱尔兰人，开车自驾游欧洲。与此同时另一个英格兰人，也开车到欧洲去旅游。他们都是在英伦半岛上的人，可是他们从来不认识，最后跑到欧洲认识了。怎么认识的呢？两辆车撞在一起了。这两人撞了车以后都下来围着车看一看，看看撞毁的程度。这个时候英格兰人很认真，说："你撞了我的车，这是你的责任。"这个爱尔兰人说："咱们先别分责任，我一听你的口音就知道你来自英格兰是不是？"英格兰人说："对啊。"爱尔兰人说："你看我是来自爱尔兰，咱们俩都是英伦半岛上的人，咱们在英伦半岛从来谁都不认识谁。现在我们彼此之间很熟悉了，看来我们很有缘分。这欧洲人他也讲缘分的，既然是这样，咱们先不去管这个责任的问题，我们先庆祝一下我们的这样一种奇特的相遇。"

他从他的车厢里，找出半瓶威士忌，说："这真是一次奇特的经历。为了庆祝我们两个人这种奇特的相遇，咱们俩来干一杯。"可是没有杯子。"这样吧，你先喝完了我喝。"他就把这个酒瓶递到英格兰人手里。这英格兰人被他说得很感动，觉得他说得也有道理。拿过酒来咕嘟咕嘟半天灌完了。灌完以后说："已经有点醉意了，我喝完了现在该你了。"这爱尔兰人把这酒瓶拿过来以后，慢慢地把酒瓶盖上盖，说："现在咱们打电话叫警察吧。"他等着警察来，那当然是谁酒后驾车就是谁的责任了。这就是"笑里藏刀"。所以说计谋这种东西，它确实存在于我们的生活中。你可以不去使用它，但是你防不胜防。你一定要懂计，一定要懂得即使你不算计别人，可能也有别人算计你。计谋这种东西有时候需要的是举一反三，人的智慧就是举一反三。

怎么预防中计？首先你要防计，其次很有可能你还要用计。那么怎么防计和用计呢？你首先得懂计，懂得什么是计谋。你不能连《三十六计》和《孙子兵法》都分不出来，眉毛、胡子一把抓。这两部书，大约相差两千多年，《孙子兵法》是春秋吴越争霸时期，孙子献给吴王阖闾的一本兵书。《三十六计》，是明末清初的一个产物。所以说这完全是两本书。如果连这个都还没有弄清楚，你如何去懂计，如何去防计，如何去用计呢？《三十六计》这本书是一本小薄册子。现在有很多人把《三十六计》弄得非常厚，其实都是把它越撑越长，真正的《三十六计》很薄。它包含了六个套盒，每个套盒里装六个计，六六三十六形成了三十六计。大概就是：胜战计、敌战计、攻战计、混战计、并战计、败战计。严格说来，这六套计的编法并不是很成功。《三十六计》还是有它的瑕疵，但是这本书反映了中国典型的东方古典智慧，这是不容置疑的。

中国古典兵法的最后一部奇书

为什么叫《三十六计》？这个作者，是一个对《周易》比较熟悉的人，同时他又是一个对中国的古典文学，起码对成语比较熟悉的人，但是可以看出来这个人基本没有打过仗。他可能道听途说地知道一些战例，但他对战争、对军事并不是非常熟悉。由于他对《易经》比较熟，所以定了三十六计。

为什么是三十六计，不是八十一计，不是七十二计？因为在《周易》里，九是阳数的最大数，六是阴数的最大数，那么六个六就是阴数的极限，这样就出现了六六三十六。如果有人有心的话，可以照此编下去，编出几百个计来都没有问题。但是他只是在告诉你，三十六已经是阴数的极限，并不是说只有三十六条计谋。

这《三十六计》的开篇是这样讲的："六六卅六、数中有术、术中有数、阴阳燮理、机不可设、设则不中。"这话听起来跟天书一样，而且很绕口。其实它很简单，他说这六六三十六，这是数学的一个数字。但是这个数字中间有术，什么术呢？算术的术、诈术的术，就是手段、手法，包括计谋。而在这个计谋中间又包含了数字。阴阳之间，它们互相之间和谐推挽，最后把事情推向成功。"设则不中"，什么意思呢？任何的计谋，你不能够违背客观规律去设计它。一个完全不可能实现的事情，你以为仅仅靠计谋就能实现那是不可能的。你就是设计了，它也不会让你实现的。假如你准备运用计谋、智慧，你必须考虑符不符合客观的因素，有没有条件实现它。如果没有，那你最好不要去作这种设计。计谋成为现实，在很大程度上，一个巴掌拍不响。你要把一种计谋变成一种现实，一定要让你的对手配合。所有的计谋的实现，都是你的对手和你的敌人，跟你配合的结果。没有一个计谋不是这样实现的。假如你很聪明，懂得计谋，能够预防计谋，甚至可以反制他的计谋。也就是说你不跟你的对手配合，他不可能实现他的计谋。所以说计谋在很大程度上，是双方互动的结果。这是刚才我对《三十六计》的总论的一个解释。

《三十六计》这本书，它产生于何时？它的书名来源是什么？我们查历史的典籍，《三十六计》最早的提法，出自于南北朝时期齐朝的一个大将叫王敬则。《王敬则传》里有这样一句话，"檀公三十六策，走为上计"。也就是我们今天所说的"走为上计"。王敬则是什么人呢？南北朝时期齐朝的大将，这个大将很长时间内就有谋反之心。他想背叛他的主子齐明帝，一直找不到机会。终于有一天，听人讲齐明帝病重，太子摄政。他觉得机会来了，立刻开始起兵反叛，叛军所到之处望风披靡，齐朝很快就进到崩溃的边缘。

齐朝的太子萧宝卷，听说叛军已经打到京城的边上，远远地看到城外有个小草亭子着火了，冒起烟来，他认为是叛军已经到了，立刻让人抬上他重病的父亲齐明帝，就匆匆忙忙逃走了。有人把这个消息告诉王敬则之后，王敬则听了哈哈大笑，说"檀公三十六策，走为上计"。这父子俩如果再不跑快点连脑袋都保不住了，他应该跑这么快才对。王敬则在得意中就牵出了这句话。这檀公是何许人也？檀公是南北朝时期的宋朝的一个将军，一个人侍奉了三代帝王，他的名字叫檀道济。据说檀道济这个人有兵法传世，但是今天我们已经看不到他的著作。这个人很能打仗，而且可能在才能上不亚于韩信这样的人，是非常有智慧、有谋略的一个人。"檀公三十六策"，是不是他当时的兵法，就叫三十六策或者三十六计呢？今天已经无从查考。

据说当年檀道济率领大军在最后一次伐魏过程中，打了三十多仗，都打赢了。按说他应该说是常胜将军，但是巧妇难为无米之炊，打到后来没有粮食。怎么办呢？他就得想法找，可是山穷水尽找不到粮食。当兵的没有粮食谁愿意为你卖命呢？谁愿意饿着肚子连饭都吃不饱去拼死作战呢？有些士兵们终于忍不住，就拖着长矛大刀，逃到了对方的阵营里，逃到了北魏军队的阵营里，把他们自己内部缺粮、缺武器等等这些事情，告诉了对方。

北魏的统帅一听大喜，立刻带领大军掩杀过来，一直冲到了檀道济的阵前。可是到了阵前以后，倒抽一口凉气，发现整个檀道济的军营里灯火通明，而且一切井然有序，完全不像是缺粮。于是北魏的统帅就派他的探子去打探一番，打探回来的结果是，檀道济将军的军营里头不但不缺粮，而且这粮食堆在军营里头像小山一样。他们看到那些士兵们拿着大斗小斗，正在军营的后院里秤粮，接着又看到了檀大将军骑着一匹白马，在军营里缓缓巡视。这样哪像缺衣少粮、缺武器要打败仗的样子呢？北魏的统帅一听，看来是这些来投降的士兵是诈降，立刻命人把这些投降的士兵的脑袋全部砍掉，拔寨就走了。檀道济知道围追他的这些敌人彻底撤走了，立刻匆匆忙忙命令他的士兵，摧营拔寨马上走，安全地脱逃了。

这个故事在历史上叫什么呢？它分成两个故事。一个就是"唱筹量沙"。是怎么回事呢？这个檀道济听说，魏国的军队打来以后，知道自己的士兵吃不饱，人困马乏根本逃不掉，对方是兵精粮足，他要想撤退根本跑不掉，他采取的办法是什么？他就把军营里头仅有的粮食全部放到一起，然后让士兵到河边上去挑来很多沙子，堆在后院里，把仅有的那点粮食撒在沙子上，冒充一个一个的大粮垛。他自己一边肚子饿得咕咕叫，一边装作很镇定地骑着白马，在军营里一圈一圈地缓缓绕行，故意给人一种不惊不慌的样子。当这个北魏军队撤走之后他立刻就撤走了。他撤走这个故事本身，现在有一个词叫"唱筹量沙"。他能够带领一支军队全身而退，能够退得这么漂亮，退得毫发无损，这个就叫"走为上计"或者"走为上策"。当你打不赢的时候可以退，但是你不能狼狈逃窜。所以走为上计包括了你要走得漂亮，要走得出色。当然走为上计还不是这么简单。走为上计包括了走，走得漂亮的问题，走不全是逃跑，不全是撤退。现在很多人一说起来，"撒丫子就跑""脚底板抹油"，以为这就是走为上计。其实这是对走为上计的狭隘的理解。

三十六计的出处只能是一个推测，因为我们今天看不到了。看不到檀道济究竟有没有三十六计。我们今天看到的三十六计是什么时候的呢？是明末清初的。据说很长时间里，青洪帮的洪门，一直自称"三十六计"是洪门密计，就是他们黑帮组织的祖传秘方。洪门是明末清初，特别是清初时期的道会门组织。他们的宗旨就是反清复明，后来逐渐变成了黑帮组织。三十六计是不是就是产生在洪门中呢？后来又有人看到了更早的版本，是什么呢？

有一个叫叔和的年轻人，在成都的街头看到了一个手抄本，叫

《秘本兵法三十六计》。这个本显然早于洪门本，所以现在基本上专家倾向于认为它出自于明末清初。但具体是什么时候，目前无从考据，只能是一个悬念。《三十六计》在我看来是中国古典兵书中的最后一本书，在此之后再没有更出色的，所以我把它称作中国古典兵法的最后一部奇书。

战场用计克敌制胜

前些年中国的兵学传统研究受到了冷落，从《孙子兵法》到《三十六计》，基本上很长时间内都是坐冷板凳的。但是这几年，兵学、兵法，突然一下变成了一门显学。这又是为什么呢？这是因为墙内开花墙外香，兵法开始在国外热起来了。在哪儿先热起来呢？在日本、东南亚。为什么它能热起来？是因为兵法可以经商，形成了兵法经商热。

当时法国有一个海军上将叫拉科斯特，他说《三十六计》中描述的方法和计谋，既可以用于大大小小的战术，也可以用于重大的政治事件。各行各业都可以找到新的秘诀，他尤其指出日本和亚洲四小龙，把书中的这些秘诀应用于工商业，在几年之中就完成了令人炫目的经济征服。兵法经商热在亚洲，特别是在东亚、日本、东南亚热起来之后，出口转内销，回到了中国。我们祖先的创造和发明，我们自己不知道如何去运用它，倒是别的国家、别的人，把它拿来开始挣钱，包括挣我们的钱，然后我们才恍然大悟。所以现在中国也掀起了兵法经商热。

我多次去一些大学的 EMBA 班讲课，讲的就是兵法如何经商。现在为了挣钱，中国人也是眉毛、胡子一把抓，《三十六计》《孙子兵法》都没弄明白，就开始兵法经商。人人都在大谈如何用兵法经商。但是首先你要弄清楚这两本书的差别。这两本书不光是它们相差两千年，它们在境界上，也有很大的差异。《孙子兵法》是军事哲学，它是形而上的东西，当然它也有些很具体的，属于形而下可以操作的部分，但是它基本上属于形而上的东西，总的来讲是讲究战略上的宏观把握。

《三十六计》是什么呢？《三十六计》我把它称作是兵法实用手册，它不是那么讲究形而上的、很抽象的、很宏观、战略的东西，它基本上就是拿过来就可以对号入座。我讲的那几个故事，我迅速地把它跟三十六计的某一计对应起来。大家听听觉得有道理的话，那就是这个号和这个座对上了。所以说掌握孙子兵法，不是那么简单，它不是拿过来就能立竿见影的。它是需要你有足够的时间，有足够长的时间去学习它、去思考它。而掌握三十六计，相对来讲就比较简单，差不多可以立竿见影。我说对号入座其实就是可以立竿见影，军事上、政治上、商场上，使用哪一计？其实你把《三十六计》拿过来一套，大概就能知道。

比如说第二次世界大战的时候，有一个著名的战斗，日本偷袭珍珠港。在二战中，日本作为侵略者的一方，其将领山本五十六能够设计出像偷袭珍珠港这样的一次作战行动的人，应该说他有足够的谋略。但是山本五十六身上还是体现出了日本军人的狭隘。他在什么地方狭隘呢？就是刚才我谈到了，《孙子兵法》是从战略上去宏观的把握，《三十六计》更多的是一种战法。那么他似乎是一个更懂《三十六计》而不懂《孙子兵法》的人。

日本的军人都有这个毛病，他们不太从战略上考虑问题。从一开始日本军部的决策者，就知道对美国的一仗他们基本打不赢，但是他仍然想冒险，而山本五十六身上，就集中地体现了这种冒险精神。山本五十六，据说一开始他反对向美国开战。为什么他反对向美国开战？倒不是因为他有更清醒的认识，而是他曾经担任过日本驻美国的海军武官。他在美国长期的旅行，发现美国的战争机器强大得可怕。日本根本不是美国的对手，无论是战争的工业能力，还是战争的资源能力，日本都不是对手。所以他倾向于不对美国开战。但是当日本军部决定对美国开战的时候，山本五十六他马上认为军人服从命令是天职。他就立刻策划了偷袭珍珠港的计划。他的想法是什么呢？如果不得不对美国开战，那就必须先拿下珍珠港。拿下珍珠港就可能有足够的时间南下，到菲律宾、印度尼西亚去拿石油。没有石油任何现代战争都打不赢，有了石油，才可能有侥幸胜利的机会。

这种想法毫无疑问是欠缺战略考虑的，但是他策划了一次非常出色的偷袭行动，就是用两个小时的时间，把美国太平洋舰队几乎全部摧毁在珍珠港内。这就是著名的珍珠港事件。横跨七八千公里的长途奔袭，一支庞大的舰队，他们之间居然完全不用无线电联系，完全静默航行，彼此之间需要的时候顶多打打旗语。这个组织应该说是相当的可以。所以说这个行动为什么最后能得到一个巨大的成功呢？应该说和他的那个非凡的组织有很大关系，但是最后日本人还是败掉。日本人为什么会败掉呢？咱们现在先去看山本五十六这次行动，他和三十六计里的哪一计可以对应呢？

第一计瞒天过海。瞒天过海是三十六计中最大的一计。编者知道瞒天过海是《三十六计》之首，所有的计都体现了一个字，就是"瞒"字。所谓欺、诈、骗，其实都是体现了一个"瞒"字，所以说瞒天过海，作为三十六计的第一计当之无愧。山本五十六偷袭美国的珍珠港，用的计谋就是瞒天过海。瞒天过海这一计出自什么地方呢？

出自唐太宗东征高丽。瞒天过海这个词，它原来的典故本身没有多大的意思，无非就是讲唐太宗准备东征高丽的时候，来到了海边上，不识水性，面对大海还没上船已经人都发晕了，已经有了打退堂鼓的意思。

这个时候他手下一员大将张士贵，找来了他的一个手下叫薛仁贵，说皇帝已经有点想打退堂鼓了，现在看来东征快搞不成了，如果我们能有什么办法，把皇帝能够骗过海去，那么我们也可能远征高丽成功。薛仁贵说："这样吧，我来想办法。"他想了一个办法，最后把唐太宗骗到了大船上，然后渡过了海去，于是就有了瞒天过海。所谓瞒天过海，不是说瞒着天，不让老天爷知道，然后大家渡过海去。瞒天过海的原意是什么呢？瞒着天子，把他骗上船，然后把他骗过海去。

这是最早的瞒天过海。这个故事本身其实并不精彩，但是这个词很精彩，作为一个计谋它也很精彩。瞒天过海在二战中，像山本五十六这样的使用也是很精彩的。但是还有比他更精彩的，是什么呢？是美国总统罗斯福。据说这个日本人决定偷袭珍珠港，很多情报部门事先都获得了情报，包括国民党的军统局。他们的侦听小组也侦听到了日本人将要偷袭珍珠港，而且对美国人发出了提示。

当时美国自己的侦听人员也发现了这一点，甚至苏联的一个间谍叫左尔格，在日本潜伏得很深，他获得的情报也是日本准备偷袭珍珠港，包括德国准备偷袭苏联都是他弄到的情报。他把这些情报，转交给了苏联的领导人，也转告给了美国人。但是美国人居然毫无防范，当这么多人、这么多情报汇聚到罗斯福总统的手里，告诉他美国的珍珠港即将被日本人偷袭的时候，罗斯福居然毫无反应。他把这些情报锁在了他的办公桌里，结果呢？偷袭珍珠港的事件就发生了。发生了之后我们看到的是什么？看到的是在日本偷袭珍珠港之前，美国全民反对战争，反对美国投入欧洲战场，反对美国去解救日渐危机的英国人，更反对他们去解救苏联人，也反对他们到中国到亚洲战场上来打日本人。

美国那个时候孤立主义甚嚣尘上。为什么？因为美国是地势最好的国家。美国为什么能发展得这么快？它可以把自己的很多力量都不用到防御上，它的东边是大西洋，西边是太平洋，北边是一个很弱小的大国加拿大，南边是又一个很弱的大国墨西哥。美国的生存环境一直都非常良好，远远超过中国。而美国没有这些后顾之忧。所以说美国人在二战爆发初期的时候，态度都是不参战的。美国在第一次世界大战中，占了大便宜、发了大财，是因为眼看着胜利即将到来，美国人只要轻轻推一把，充当压倒骆驼的最后那根稻草就行了。这样美国在"一战"中捞到了很大的便宜。"二战"的时候美国人又是这样一种态度，不愿意卷入到战争中去。怎么办？显然罗斯福把所有的情报压在自己的办公桌里是有意的。他是希望美国人的部分损失，可以唤醒美国人民参战的愿望和决心，他的目的达到了。

当然今天我们找不着非常确凿的证据，就说是罗斯福明明知道，故意让美国太平洋舰队被毁灭。但是许许多多的迹象证明了这一点，比如说那一天如此奇怪，美国的所有的航空母舰都不在珍珠港内。而且在一两天前，把航空母舰全部调离了珍珠港，留下了战列舰。战列舰没有飞机只有巨炮，实际上战列舰在那个时候，已经变成了海上战争的恐龙，没有太大的价值了。但是这么多巨舰大炮，留在港内，给人感觉也还是很壮观的。当日本人把五六艘美国的战列舰全部击毁在珍珠港内的时候，日本人甚至全世界人都认为，美国的太平洋舰队完了。美国人也同仇敌忾，非常愤怒，人人都开始要求打小日本鬼子。

要对日本开战，那么美国人怎么能够在半年内就翻回本来呢？他靠的就是所有那些在这一两天前调出港口的航空母舰。只用了半年时间，中途岛海战，就打败了日本人的联合舰队。

那么偷袭珍珠港一事，罗斯福究竟知不知道呢？我个人倾向于认为，他是知道这些情报的，而且他是有意安排的。假如罗斯福是有意安排的，他的所作所为又是哪一计呢？还是瞒天过海。瞒着全体美国人，让你美国吃一次苦头，这亏要吃到足够大，但是又不能太大。如果把航空母舰全部搭进去，美国就可能失掉整个西太平洋。如果让美国一点亏不吃，美国人会继续拒绝战争。罗斯福一定精心地掂量过这件事情，所以说他采取了瞒天过海的办法，他瞒着美国人，不让美国人知道珍珠港即将被偷袭的消息，然后等着日本人来打，日本人来打完了之后，美国人被唤醒了。而且美国人的戏演得相当漂亮！

当这个珍珠港的第一枚炸弹已经投下去之后，日本特使和日本大使两个人，匆匆忙忙地约见美国的国务卿，也就是外交部长赫尔，把宣战书也就是最后通牒交给了赫尔。意思就是说如果你们不答应我们的条件，我们将对美国开战。其实这个时候，第一枚炸弹已经在十几分钟前炸在了美国人的头上，落在珍珠港内。日本是先战后宣，是不宣而战。赫尔国务卿故意显得非常愤怒，告诉日本特使和日本的大使，我干外交三十多年，从来没有见过这么无耻的外交文件。

罗斯福第二天就马上向全美国广播说，所有的人都知道了，我们美国在昨天遭到了一个国家最背信弃义的、最无耻的攻击。他经过一番说辞之后，把美国人全动员起来。当美国的战争机器开动之后，日本人终结的日子就为期不远了。也不过就是四五年后，日本就战败了。所以说这是一次双向的瞒天过海。日本人瞒天过海，去攻击了美国的珍珠港太平洋舰队的总部。美国人瞒天过海，向日本发动战争，打击了整个日本。所以说在军事上，三十六计几乎每一计都有运用的例证。

商战用计成功出色

计谋在国际斗争中、在军事上，它真是无处不在。计谋在商战上，这些年应该说是越运用越普遍。在商战上使用计谋，并不是今天的事情。去年上半年有一本书卖得非常火，叫《货币战争》。我估计搞证券、金融的人恐怕对它更有兴趣，在座的有股民的话，都应该看一看。《货币战争》它揭示了整个西方从有现代货币以来的种种阴谋和诡计。当然有些东西可能不够详实，但是它提示的方向，对我们每个人是有益的。它首先讲到了一个故事，揭开了整个西方的金融战争史或者货币战争史。它讲的是什么时候呢？讲的是1814年，欧洲比利时的一个地方小镇，这个小镇叫滑铁卢。英国联军在他的联军统帅惠灵顿的带领下，与法军统帅拿破仑展开了最后一场决战。战争打了一整天，几万人的尸体铺满了整个小镇。

这个地方我去过，实际上并不是很大的地方，真要是拿上万具尸体，摆在这个地方的话，我估计应该是尸体驮着尸体。在整个这场战争打到最激烈的时候，拿破仑和惠灵顿两个人都已经支持不住了，这个时候只要谁还能获得一点外援，谁能获得这个新生力量的支持，谁就能获得胜利。

这个时候就看上帝的天平倒向谁那一边。会倒向谁那一边呢？当时法军的元帅内伊，奉命去追赶比利时的元帅布吕歇尔，这布吕歇尔被内伊元帅追逐出城，输了战场。这两个元帅分别带领自己的部队，一前一后追杀起来。布吕歇尔元帅走了很远以后，看看后面追击自己的部队没追上来，转了一圈他又回到了战场上来。而内伊元帅找不着布吕歇尔元帅，他的手下跟他讲："元帅，既然现在我们找不着我们要找的人，那我们现在回到战场上吧。"内伊元帅说："不，皇帝给我们的指令就是追上布吕歇尔、消灭布吕歇尔，所以我们必须追上他，必须找到他，必须消灭他。"

就是几个小时的时间，布吕歇尔元帅回到了滑铁卢，拿破仑的噩运就降临了。这个时候内伊元帅还在十几里路以外的地方，听着滑铁卢这边炮声隆隆，他还在等待皇帝的新的命令，可这个时候皇帝已经不再有机会给他新的命令。滑铁卢战场的夜幕降临下来，战争结束了。在这个时候一直有一双眼睛，在盯着滑铁卢战场。这个人从头看到尾，看到后来战争结束了，他骑了一匹快马迅速往英吉利海峡的边上跑去。到了英吉利的边上以后，天色已经黑下来，海峡风高浪急，没有人愿意在这个时候，把他渡到海峡到对岸去。这个时候他出了一笔很高的价钱，两千金币，当时两千金币是多少钱？差不多是一个人一生也不可能聚集起来的财富。重赏之下必有勇夫，于是有一个船夫决定把他渡过海去。这个人连夜过了英吉利海峡，又快马加鞭一直跑到伦敦。到伦敦什么地方去了呢？到了股票交易所。

大厅里头大家鸦雀无声，都在等待。等待什么呢？等待来自滑铁卢战场的消息。谁都知道在场的某个人，这个人叫罗斯柴尔德。罗斯柴尔德是一个三十多岁的年轻人，他坐在股票交易所大厅的一个角上，坐在他那把特殊的椅子上。他也在等消息，大家也在等罗斯柴尔德获得的消息。谁都知道他在欧洲战场有眼线，于是消息这个时候到来了。这个传递消息的人，并不向大家宣布。他跑到罗斯柴尔德的跟前，伏下身去在他耳边低声说了点什么，罗斯柴尔德这个三十多岁的人，多有心计、多沉稳啊！

　　罗斯柴尔德面无表情，不动声色，给他身边几个马仔丢了个眼色，这几个马仔立刻扑向各自的岗位，干什么呢？马上抛售英国国债。这个动作意味着什么呢？意味着告诉众人，英国人打败了，否则罗斯柴尔德先生怎么会去抛售英国的国债呢？于是英国的国债在几个小时内全部抛空。抛到差不多的时候，罗斯柴尔德又使了个眼色，只有他的马仔能意会，别人都没有发现。

　　于是这些马仔又以最低价格把所有的英国国债全部吃回来，吃回来以后大家傻眼了。刚才抛售国债的，是罗斯柴尔德手下的马仔，现在他又把它全部吃回去了。这葫芦里卖的什么药呢？结果，来自滑铁卢战场的消息正式传来，英军大胜。于是英国的国债迅速地上涨了20倍，罗斯柴尔德一夜之间，就掌控了全部英国的国债，成了英国最大的债主。这个时候他已经有足够的能力控制英国的金融领域，然后他得意洋洋地说了一句话："当一个人把一个国家的货币的制定权，都掌握在手里的时候，我才不在乎谁在王位上当皇帝。"这样一个人，他通过信息，通过他的智慧，通过他的计谋，就掌握了一个国家的经济命脉。前面英军在惠灵顿元帅的统领之下，浴血奋战为英国人打了一个大胜仗，但是他同时根本不知道，自己的后方就是由于自己的胜仗，为英国制造出一个大的债主。胜利的果实最后全部落到了罗斯柴尔德家族的腰包里。

　　我们写《超限战》，其实就是要告诉人们，你不要认为你可以用军队保护国家的安全。军队保护一个国家安全，可能使你的国家寸土不失，但是你的国家的内部的经济可能早被别人掏空了。所以说你不能仅仅认为，国家的边界很安全，军队保护着我们的安全，我们就可以高枕无忧。其实我们在金融上、在货币上、在经济领域，完全可能早已经打了败仗。你不知道，你以为你还很安全。所以《超限战》提醒的就是这一点，就像惠灵顿元帅打了胜仗之后，罗斯柴尔德成了英国最大的债主。

罗斯柴尔德用了什么计可以和三十六计对上呢？我认为他用的是连环计，他用了不止一个。隔着英吉利海峡，看着欧洲大陆的战场上，这是典型的"隔岸观火"；接着看你们打，什么时候你们打完了我什么时候开始挣钱，这是"以逸待劳"；他在战场上观战的那个人，要迅速跑回来传递消息，而且当罗斯柴尔德知道英国已经打胜消息的时候又不告诉在场的这些人，要把所有的钱全部赚到自己手里，这是"瞒天过海"；但是为了让所有人把他手里的国债全部吐出来，要先带领你们抛售英国国债，这是"欲擒故纵"；等你们都抛完了，我把你们的钱全部收到我手里，"趁火打劫"；最后所有的钱都集中到我手里，英国整个国家都成了我的债务人，我"釜底抽薪"，所有的钱全归了我。所以说这是三十六计的连环计。他把这些计谋运用得如此出色、如此巧妙。

但是我敢断定罗斯柴尔德一定不知道三十六计，1814年的罗斯柴尔德怎么会知道三十六计呢？但是当我们今天回过头去，重新整理三十六计的时候，我们会发现许许多多的前人，他们用过的计谋，符合三十六计的道理。它可以来佐证，三十六计可以这样用，也可以那样用，三十六计怎么用就能成功，怎么用就可能失败。罗斯柴尔德这个例子，应该说是商战中最成功的计谋的运用。实际上，这在商战中可以说比比皆是。

商战中有许许多多非常出色的商人，他们的头脑天生就是一个谋略家的头脑。你比如说大家都知道的洛克菲勒。洛克菲勒这个人，天生就是一个智慧的化身，智谋的化身。他的谋略和智慧，充实在他生命的每个细胞里。包括一些很小的事情，他都和别人的见解不同。比如说他每次到纽约出差，他一定要去住一家老朋友的酒店，因为老朋友会给他打折扣。这家酒店的经理跟他讲："洛克菲勒先生，我有一个事情始终不明白，为什么你的儿子到我们饭店来住的时候，他就要住总统套间，为什么你来就只要普通的标间？"洛克菲勒说："这还不简单吗？他有一个有钱的爸爸，我没有啊。"你看这很简单的事情，他的回答就充满了幽默、诙谐、智慧和机巧。

这些机巧反映在他生活中，可以看出他确实是高人一筹。他的一个朋友，借给朋友的朋友五千美元。由于是借给朋友，他当时连个借条都没有打。久而久之，那个借钱的人就赖账，不还这五千块钱。而当时是 19 世纪末 20 世纪的初期，五千美元是非常大的一笔数字。这个朋友就为要不回这五千块钱很苦恼，把这事告诉洛克菲勒。洛克菲勒说："那你跟他要啊。""我要了，他不给我。""那你给他写信。""我写了信了，他还是不给我。""你怎么写的信？""我写的就是，你马上把我的五千块钱还我，如果你不还我的话，我就到法院告你。"洛克菲勒说："这怎么行呢？你再写一封信。""怎么写？""你照我说的写。"他就把笔拿出来准备写了，洛克菲勒说："请你马上把借我的一万美元还给我，否则我就到法院去告你。"这个人说，明明借我的五千美元，我怎么能写一万美元呢？洛克菲勒说："你只能这么写，照我说的写。"这人就真照他这样写，把这信寄出去了。结果这收到信的人，马上给他回了封信，说你小子是不是想钱想疯了，我不过就借了你五千美元，怎么就变成一万美元啦？然后这个人就拿着信说："你看，我的信照你说的不是错了吗？人家马上指责我了。"洛克菲勒说："这不就对了，你不就有证据了吗？这不就是他的借据吗？好了，打官司去吧。"很快这五千美元就要回来了，你从这里就能看出洛克菲勒这个人的智慧。

我们知道洛克菲勒是美国的石油大王，那么洛克菲勒真正的大手笔是什么？这个大手笔和谁有关呢？和联合国有关。1945年，当罗斯福他们看到"二战"即将胜利的时候，他联合其他四个大国，美、中、英、法、苏一共五个大国，召开波茨坦、德黑兰会议，安排战后的事宜。其中一条就是准备成立联合国。联合国的会址选来选去。美国人当然希望放在美国，可以对它施加影响。美国不想把它放在华盛顿，如果放在华盛顿，一边是联合国，一边是美国政府，这会弄得很难受。所以决定把它放在美国最大的城市纽约。可是放在纽约，联合国分文没有，美国政府也不愿意出这笔钱。

洛克菲勒听说这件事以后，拿出870万美元买了一块地给了联合国。怎么给的呢？他卖给了联合国。怎么卖给联合国呢？一美元，联合国出一美元，就把这个870万美元的这块地卖给你。为什么呢？他很清楚，如果是送给联合国，联合国就会说他是有意图的；卖给你就是商业行为了。怎么卖呢？一美元，这就还是等于送给了联合国。他为什么要这么干呢？开始有很多人说洛克菲勒先生你傻不傻，你去干这么一件事情，联合国肯定是个清水衙门，你从这里能捞到什么油水呢？你为什么要做这么傻的事情？洛克菲勒笑而不答。然后有很多人就认为，洛克菲勒现在有毛病，也可能现在就是图虚名了。

谁都没有注意到，洛克菲勒用这870万买下纽约东河岸这片土地的同时，他把这870万的土地之外的土地也全都买了下来。当联合国的大厦在纽约东河岸耸立起来以后，相应的设施都得要出现，你比如说各种服务性的行业，各个国家驻联合国的大使他都要在周边买房子，买他自己办公的地方。就这么一来，周围的土地全面上涨，全部都在洛克菲勒的手心里。没有人能计算出，洛克菲勒赚回来多少个

870 万美元。所以说他的精明，他视线的长远，由此是可见一斑。那么他这一计在三十六计中是什么呢？"抛砖引玉"。他抛出一块 870 万的砖，最后换来几十个亿甚至上百亿美元收入的玉。他可以说是大赚特赚。

什么是大的智慧呢？大的智慧就是人生的态度。这世界上有两种智慧，一种是人生的智慧，一种是谋事的智慧。谋事的智慧比比皆是，但是人生的智慧不是所有人都能具备的。有句话说态度决定一切，人生的态度决定你的人生。生活中并不是人人都会用计，你可以没有计谋，但是你不能没有智慧。你甚至可以没有智慧，但是你不能没有善良，不能没有正直。善良和正直，才是真正通向人生境界顶端的最后那几步的台阶。这几步不是计谋，甚至不是靠你的聪明才智就可以走通的，它只能靠人的心灵去通达，除此之外没有其他的办法。这是人生的不二法门。

孙立群

　　南开大学历史学院教授，中国古代史教研室副主任。主
要从事中国古代史的教学与研究工作。在南开大学教授古代史
三十余年，深受同学们爱戴。曾多次登上《百家讲坛》，易中
天称赞他的主讲风格是"满腹经纶，胸有成竹，不疾不徐，娓
娓道来"。

中国古代士人的精神与生活

孙立群

什么是中国古代士人的精神？我们要先把这个问题说清楚。

三个"自由"造就士人精神

先简单介绍一下背景，士人也可以称为士。在商周时代，他们是当时统治者金字塔社会结构当中的最底层。最上面是王，比如周天子，下面依次是诸侯、卿大夫、士。他们是按照血缘的关系，服从于上一级贵族的。他们的人身也不自由，每天替贵族跑来跑去干事。因为当时的宗法制跟分封制，限制了他们。当然再往下，就是所谓的平民、奴隶了。

到了春秋战国，这种社会结构发生了变化。而这种变化最初就是从士这里开始的。大家知道，春秋战国诸侯起来了，那些王已经失去了对国家的控制。后来卿大夫又起来了，诸侯又不行了。再后来社会变成了人人可以去施展自己才华的舞台。所以春秋战国社会结构的打乱为最底层的士，提供了一个重要的契机。我们现在说的"士人"，严格讲是在春秋战国形成的。他们在我们的学术著作当中，往往定义为"非宗法性的士"，也就是说他们不受上级贵族血缘的、宗法的控制了，而是变成了相对自由的人。

一个人、一个群体能否发挥作用，社会大环境非常重要。这种社会大环境我们现在已经感受到了。改革开放三十年来，大家会发现我们的机会多了，空间大了，展示自己才华的场所也多了，这是耳闻目睹的。春秋战国，就是这个社会大环境的变化，使过去受束缚不自由的士，变成了自由的士。而在这过程中，有三个自由，是使春秋战国成为黄金时期的非常重要的条件，也是我们今天要说的士人精神的前提条件。

第一，流动的自由。我们略为回顾一下春秋战国历史，大家就会发现那时候的人，离开自己的家乡到其他地方去施展才华是非常正常的事。当时有一句时尚的话，叫"士而怀居，不足以为士矣"。作为一个士人，一个有知识、有技能的人，整天留恋自己的家乡，就不是一个真正的士人。真正的士人应该是，志在四方，以天下为己任。春秋战国许多人，都是在其他地区创业，为社会做出贡献的。我们举一个大家知道的例子。商鞅帮助秦孝公变法，使秦国强大了。其实商鞅最初根本不是秦国人，他叫卫鞅。卫是当时的一个很小的国家，但是后来他不愿意在这儿，又到了魏国。到了这儿以后他还不满足，后来又到了秦国。这是一个非常普通的例子，这种例子在战国比比皆是。所以在那个时候，朝秦暮楚，朝三暮四，都是肯定的词，不像我们今天说不安心，经常跳槽，不是这个概念。

第二，择业的自由。择业问题我们现在每人都会遇到，但是在春秋战国大家会发现，人们愿意干什么，都是从自己内心出发的。或者是从政，或者是经商，或者是当老师，或者是著书立说，或者什么也不干，像庄子一样隐起来，都可以。所以择业自由，就给大家发挥潜能带来了条件，自己愿意干自己喜欢的工作，一定能干得好。

第三个最重要，是思考的自由。我们说中国这个社会，由于它长期的专制统治，许多领域不允许人们去思考，那叫禁区。譬如春秋战国以前，对王、对天，不能随便质疑。但是春秋战国以后，大家会发现，人们不再受它的限制了，传统的观念都被打破了。可以质疑天、质疑鬼、质疑神，质疑那些帝王。这种思考的自由，给人们观察社会、认识社会带来了很深刻的改变。

这三个自由，使春秋战国形成了中国最初的、相对独立的知识分子。一个最好的社会大环境，正是在这个基础上形成了。士人自身形成一种特质，就是他们那种强烈的社会责任感和社会参与意识。

士人精神之一：关注社会

我们看中国古代的士人，最可贵之处就在于此。由于春秋战国是一个动乱的时代。这个时期人们都在思考，国家向何处去，社会向何处去。所以他们就自然而然地萌发了一种要关注社会，要为社会做贡献的一种志向。他们有主人翁精神，不把自己摆在社会之外，而是敢于担当，敢于去接受社会的挑战。比如大家很熟知的，像孟子说"如欲平治天下，舍我其谁"的大丈夫精神，完全站在我要为社会做贡献的高度。而这种承担精神的具体表现，是一种很理性的实践精神，就是修身、齐家、治国、平天下。光有勇气不行，还要去实践。所以中国士人，先从自我做起，"修身"；再从我的家族、家庭做起，"齐家"；然后治国、平天下。这已经成为我们民族特有的语言了。中国明朝末年东林党人有这么一副对联，很典型地表现了士人精神："风声雨声读书声声声入耳，家事国事天下事事事关心"。

　　还有一句话大家也很熟，"士不可以不弘毅，任重而道远"。这我们听起来，确实感觉到很振奋。在这过程中，他们表现的就是一种不惧危难，到处去奔走，到处去游说。因为知识分子没有刀、没有枪，只有笔、只有口舌。所以我们看到了，从孔子到孟子，周游列国，不断宣传自己的主张；从韩非、李斯到商鞅，到各国实现自己的志向。再比如墨子，战国初年人，所代表的是当时贫民阶层。现在大家对他了解的，不像孔子、孟子这么多。但是他是一个非常不辞辛苦的人，带着一批学生，到处观察社会。墨子有十大主张，核心是"兼爱、非攻"。兼爱就是兼相爱，彼此一定要和谐，非攻就是不要战争。他当时听说哪个地方要打仗了，哪个地方要闹事了，就带着学生去游说、去劝说。所以史书记载，墨子的家有四个字："墨突不黔"，墨就是墨子的墨；突是烟筒；黔就是黑。意思就是墨子家里的烟囱，都没有黑过。为什么？因为墨子东奔西走，每至一地，烟囱尚未熏黑，又到别处去了。

士人精神之二：从道不从军

　　有一篇文章叫《非攻》，代表了人民的愿望，而不去计较个人的安危。这种精神，确实使我们感觉到很可贵。而在这过程中，体现了士人的第二种精神，就是"从道不从军"。战国特定的那个时期，君主不像后来这么专制，动不动就把你给判了罪，把你流放了。士人坚持正义，坚持大的道理，而君主可以批评，甚至可以去背弃。

　　比如大家很熟知的，孟子见梁惠王，孟子在梁惠王面前侃侃而谈，批评梁惠王尽想发动战争，竟不顾人民的死活。说你这是"率兽而食人"，带领一批野兽去蚕食老百姓。这种话是战国特有的，后来谁敢这样批评那些君主。可是他这样说君主，君主无言可对，"王顾左右而言他"。咱说点别的吧，没办法。当时这个社会大环境，士人越批评他，他越对士人恭恭敬敬。所以说那个时候，士人的这种相对独立的人格，就特别的明显。而那些国家的君主想方设法把有才能的人吸引过来。比如我们知道燕国燕昭王，在边境上盖了一个高台子。高台上摆着黄金，意思是有才能的人来了，我要给他黄金，这叫黄金台。燕昭王见了有才能的人来了，"拥彗先驱"，拿着扫帚，走在士人的前面。一路小跑给扫地，然后士人在后头跟着。大家想中国历史后来有这种场面吗？谁见过皇帝给扫地，秦汉以后那些大臣见了皇帝，远远地就跪下。可是你一看战国真怪了，那些君主怎么这样？人才难得，用人为先。

战国虽然相对自由，但是唯一的问题是，战国的战争太多了。而战争首当其冲受到损失的是老百姓，即使那些士兵也是老百姓。而这种战争越打越大，所以我们看到，一场战争几十万人被杀，惨不忍睹。

公元前260年，秦国和赵国有一场战争，长平之战。长平在现在山西的高平，那场战争赵国被秦国打败了，赵国四十万人被俘，而秦国指挥战争的刽子手白起，一声令下，四十万人全部被坑杀。古今中外战史上，从来没有见过这么惨的战争。当时我为了讲这个战争，把《史记》及所有关于长平战争的材料都调出来了，让我无法不相信。司马迁有将近十处的地方，写到了四十万，有三处地方写到了四十五万，四十万是那次战争被包围以后。赵国的士兵，全部被抓住了、俘虏了。而四十五万什么概念呢？这场战争打了三年，是从一开始到最后四十五万。我们至今也怀疑，这个数字的准确性。但是司马迁十多处写到了这个战争，所以我们现在没法再说一点也不相信了。以至于这场战争结束以后，当地人也就是现在的山西高平这一带，恨透了白起。秦国把白起封为战神，老百姓把白起视为恶魔。当地到现在还有一道菜，水烧开了，把豆腐切成块扔到水里去煮。因为豆腐是白的，一煮豆腐就翻个起来了，所以叫煮白起，很具有人民的心声。

在这时候，法家一味鼓吹，就是要打，不打社会不统一。这是一个政治问题，中国不打行吗？在战国不打光靠说教，光靠德治能统一吗？但是人民可是深受其害啊！所以孟子到处游说，大家会发现他抨击得最多的，就是那些发动战争的人。秦国是主张打的，所以设立了二十级军功爵，鼓励士兵要杀敌。杀敌越多功劳越大、地位越高，你只要杀了一个对方的甲士，马上就给一等爵。激励机制，使得秦国士兵真是英勇无比。可是这种战争对于老百姓来讲，不是太不人道了吗？所以孟子就抨击他们，"善战者服上刑"。现在我们对这句话是肯定的，为什么？因为他是站在老百姓的立场。我们看战国史，只要是打败的那个国家、那个城市，被对方攻进以后，首先遭到屠杀的是士兵，其次老百姓。进攻者为了使这个城市、这个国家完全屈服于他们，进城以后第一杀人，第二水井投毒，很残忍。谁能替老百姓说话？墨子、孟子。中国就有了这批人呼吁和平，呼吁不要战争。所以中国人形成要和平的这种性格。这是中国士人精神很值得提出的一点。

士人精神之三：忧患意识

士人的这种参与精神和对社会的责任感，还体现在士人的忧患意识上。什么叫忧患意识？士人凭借自己对社会的观察，往往在人们歌舞升平、国泰民安的时候，就发觉了社会的问题所在，实时提出警告。但是由于他们太超前了，当政者不理解，周边的人不理解，所以他们个人往往陷于一种悲剧的状态。

比如我举一个例子，西汉初年刘邦分封他家里面刘姓的子弟们为王。因为他接受了秦朝不分封速亡的教训。刚分封以后年龄都不大，似乎问题不多，但后来他们逐渐成长起来，开始在地方上搞独立。谁发现了？汉文帝的时候最典型的一位书生贾谊。贾谊当时年龄很轻，但是由于他经常在朝政上提出建议，所以已经当上了太中大夫，以至于好多老臣对他都很嫉妒。但是贾谊不管，看到问题就提出来，所以当时就提出了一篇《治安策》，他说，皇帝你看现在的社会，就像一个人得了浮肿病一样，腿肿得跟腰一样粗，手指头肿得跟腿一样粗。这是说什么？地方势力强大了，中央将要遇到威胁了。他说腰、腿既然比例失衡了，就像一个手指头如果疼起来，浑身就疼得了不得。他提出来赶快削弱这些地方的势力，所以后来被人误解，连汉文帝都不理解他，就被赶出了朝廷，到地方上当那些王的相，所以他郁郁寡欢，32 岁就死了。

在他之后的汉景帝时，有一个谋臣叫作晁错，跟贾谊的性格完全一样，但是比贾谊更刚烈，他当时提出了什么问题？汉朝那些地方的诸侯权力太大了，"今削之亦反，不削之亦反。削之，其反亟，祸小，不削之，其反迟，祸大。"对这些地方势力赶快动手，赶快把他们削弱，国家能够得到安稳。当时谁都没意识到，只有他大声疾呼。汉文帝不以为然，可是晁错的父亲却感觉到了，于是从老家到了京城，见到晁错，说你为什么这样做，为什么疏离刘姓的骨肉？为什么把他们关系说成这样？晁错说，我不这样做，宗庙不安，天下不定，我不这样做国家要出事。他父亲说，你这样做，是要得罪人的，刘家天下稳定了，咱们家可要倒霉了。晁错不以为然。结果他父亲感觉到很快要出事了，出了门服毒药自杀了。

到景帝时期，晁错的这种忧患，使得地方以吴王刘濞为首的上将，加快了反叛的步伐，发生了吴楚七国之乱。而吴楚七国之乱打的旗号什么？"诛晁错，清君侧"。可是汉景帝迷迷糊糊，把晁错杀了，刘濞见障碍已除，继续起兵。这时候汉景帝才感觉到他们意不在晁错，而在我这个刘姓的王位，这样才赶忙派兵平定了刘濞。

那些忧国忧民、见微知著，及早发现问题的人，尤其是敢于大胆提出问题的人，往往是要担风险的，甚至有个人性命的安危。但是在中国，历朝历代都有一批这样的人，不畏压力，不怕牺牲个人的身家性命，以国家为重。所以忧患，几乎成为中国古代士人的一个代名词。我们读范仲淹的《岳阳楼记》："居庙堂之高，则忧其民；处江湖之远，则忧其君。"

忧患意识是士人的一个传统，它最大的特点就是，士人对社会的独特的观察。我们应该发扬这个传统，社会的进步往往是在于，将问题消灭在萌芽之中。再一个就是那种抗争精神。士人是靠写文章、靠口舌来抗争的，那么他们又对社会有种独特的敏感。所以中国历代在社会危难、政治腐败的时候，首先起来的是他们。如果他们都不行了，社会完全陷入失控、混乱状态，就会发生农民起义，这是个规律。

我举一个简单的例子。东汉末年，宦官当政，宦官和外戚两大集团，不断斗争、争夺权力、安插亲信、残害百姓。所以东汉，尤其是东汉中后期，是一个黑暗的时代。那时士人联合太学生，拦住丞相的车，然后集体上京城，到皇宫去请愿，或者替那些被诬陷的、正直的官员去鸣冤叫屈，或者让丞相答应他们的要求。京城洛阳在东汉有三万太学生，他们是一股力量。而当时朝廷的那些官员中，有支持太学生的，所以他们就和学生联合起来。这场事件就是历史上的"党锢之祸"。

士人精神之四：不畏强暴

士人的一种特有的精神，就是不畏强暴，不畏高压。所以当时就出现了许多人，面对着宦官将要抓他们、杀他们的时候不跑，主动投狱，我们现在似乎不理解。当时的一个司隶校尉李膺，因为他支持了太学生，所以朝廷要抓他。他自己不跑，他说有事就要敢于承担，主动投狱。另外一个很有名的正直的官员叫范滂，得知官府要抓他，也是主动投狱，投狱以后主动请刑。他的母亲也觉得很荣耀。这种大义凛然的精神，使我们感觉到，在危难时期，他们就是国家的中流砥柱。明朝后期的东林党，面对大宦官魏忠贤，他们多么坚贞。

这种精神当然也有它的局限性：第一，在中国古代，关注社会，实现抱负，必须在一定的位置上，掌握一定的权力。如果不当官，你纵然有宏大的抱负，也无法施展。所以在中国古代，士人往往就要入仕。在入仕也就是做官以后，才能更好地施展自己的才华。这样就出现了战国后期争入仕的潮流。由于职位有限，想入仕的人很多，而那些君主，就利用有限的职位和庞大的想入仕的大军，要弄拳脚，而士人彼此之间就容易发生内讧。

所以我们常说中国士人，往往又是一个悲哀的群体。他们为了有限的职位，甚至相互厮杀。当时有一个比喻，就是士人为了争夺有限的职位，就像一群狗去抢一块骨头一样。有一个很典型的例子，就是李斯和韩非，都是荀子的学生，同窗同学。李斯到了秦国，后来韩非也被秦王调到了秦国。当然这个"调"说得好听点，严格来讲就是用武力，让韩国把韩非交出来，因为他知道韩非很能写文章。可是李斯一看，韩非来了，文章写得很深刻，自己不如他。如果韩非被重用，李斯不就没有职位了吗？所以后来就在秦王面前说韩非的坏话，以至于韩非被投入监狱。后来他又派人送去了毒酒，韩非口吃，想说说不清，也没人给他去通报，最后是含冤而死。

同窗好友，为了一个职位相互厮杀，怎么造成的？李斯的人品有问题，但是权力职位有限，而想争的太多，所以历朝历代这种事例是很多的。这就是中国士人的悲剧常常出现的一个原因。我们今天研究士人，总结他们的精神，其实更多的目的还是看对于我们今天有没有益。我觉得士人精神值得肯定的地方很多。我们今天社会要进步，需要这种精神，也就是关注社会，热爱和平，关注民生，勇于奉献。

士人生活之一：读书生活

接下来我想谈一谈士人的生活。

首先是读书生活。我们看大凡有知识的人，他的生活当中，最大的一件事就是读书。中国古代士人的生活，最引人注目的就是读书。中国古代士人读书，有两种用意。

第一，功利性读书。读书是为什么？为了解决个人的前途，个人的社会地位。为什么功利呢？大家知道中国古代要想当官，从汉朝以后就看你读书的本领。我们常说一句话就是"读经入仕"，你把经书读好了才能做官。到了唐朝科举制，更是考你的文化。所以不读书行吗？

在那个时代不去做官，这一辈子个人价值就实现不了。所以家家户户教育孩子，就是要读书。东汉的国都洛阳，有三万太学生都在读书。太学生有个特点，这是中国办学从汉代以后的一个非常新的局面，就是不问出身、不问家庭财产，只要你愿意上都可以上，当时有些穷人也要上。可是没有钱怎么读书？所以有的人就一边读书一边劳动，用劳动弥补读书的费用。有的家长还跟着做饭。

有一个人叫倪宽，历史上形容他用四个字，叫"带经而锄"，就是带着经书去劳动。这种办法就使得他既有了劳动的收入，也可以读书。他不辞劳苦，终于被朝廷重用，担任了御史大夫，就是副丞相。所以我们看到，历史上很多家喻户晓的故事，都是说士人经过刻苦读书，实现了自己的人生价值。比如锥刺股，讲的是战国的苏秦，他知道我不读书没人用我，我又没有本事，所以在家读书。读书累的时候，拿锥子扎自己的大腿，使自己不困，使自己惊醒。就这样他的嫂子还出来进去说风凉话，说你整天读书，在家里面住着也不干活，我们一块都受穷。

越这样苏秦越使劲读书，后来终于学得了本领，游说各国。因为苏秦是纵横家，专门研究各国的关系，各国都愿意用这种人。所以他有一阵子是佩六国相印，六国的相他都当了。后来他有一次回家了，他的哥哥、嫂子，跑到三十里以外去迎接。见苏秦来了，赶紧跪在地上向他叩头。苏秦很感慨，说你们当时对我冷言冷语，现在看我富了、看我当了官了，你们怎么对我就这样客气了。他的嫂子就说，你过去没有地位，你现在有地位了，我们当然得恭敬你。

所以这种事，就使得中国从战国以来，家长都希望孩子读书做官，乃至于从宋以后，不断流传出许多劝子诗，还有一些劝学诗。有一首非常典型，"少小须勤学，文章可立身，满朝朱紫贵，尽是读书人。"这种诗在古代是家喻户晓的。那些文学大家、政治家，几乎都有一个艰苦的读书过程。比如范仲淹，我们现在都觉得有点过了，五年不脱衣服睡觉。有多忙？脱掉衣服费劲吗？这都是形容古人读书不能耽误时间，分秒必争。

功利性读书，有利有弊。利，传播文化、继承文化。中国的政治家、文学家，确实有超人的，甚至有盖世奇才。为什么？功夫下得狠、功夫下得深。弊，使得人们的这种读书为了做官的思想历代传承，以至于到今天，仍然没有完全消除。所以在中国，就有一个判断人的价值标准，好像你不做官，你当不了公务员就不行。我感觉这种现象应该扭转，就是几百人、数千人去争一个公务员，这是很反常的。世间有这么多职业，为什么去争考公务员？一方面就是因为咱们国家还有官本位的残余思想，还应该去纠正。

第二，闲适性读书。闲适性读书是指人们或者有了闲暇时间，或者感觉自己的生活可以进一步高雅一些、文明一些，那就要读书。比如说宋代有一位大文学家，叫黄庭坚，他说过这么一句话非常有意思，他说"人不读书，一日则尘俗其间，二日则照镜面目可憎，三日则对人言语无味"。他讲的道理就是要经常读书，持之以恒。古人没有今天我们这么多的娱乐生活，所以读书就成为那个时代展示自己的精神、丰富自己生活的一种最好方式。

大家知道读书最大的好处是什么？有乐趣在。年龄略长一些的朋友都会知道，读书确有乐趣。李清照，一位很有名的女词人，和她的丈夫赵明诚，两人茶余饭后读书找乐趣，找什么乐趣？指一段事，指一个人，考对方经书典故知识，说对了奖励给你一杯好茶，说错了惩罚。两个人为了这个事常常开怀大笑，"乐在声色犬马之上"。今天我们还有这个乐趣吗？可能不太多了。有这种乐趣的人，应该继续发扬、继续传承。这种乐趣，确乎是很难能可贵的，所以当时读书的愉悦，让许多人忘记了一切。宋朝有一位文学家叫倪思，他说大千世界有各种声音，"松声、涧声、山禽声、野虫声、鹤声、琴声、棋子落声、雨滴阶声、雪洒窗声、煎茶声，皆声之至清者也，而读书声为最。"这是境界。

古人为了读书想尽了办法。读书什么环境最好？清朝人张潮在《幽梦影》中有一句话："读经宜冬，其神专也；读史宜夏，其时久也；读诸子宜秋，其致别也；读诸集宜春，其机畅也。"古人读四部经、史、子、集，什么季节读什么书都有讲究。读经宜冬，读经书最好冬天，神智清醒很专心，读经书可能比较难。读史书宜夏，夏天时间长，史书又很多，可以多读一些。读诸子宜秋，秋天天高气爽，是一个收获的季节。在这个环境下读诸子，你就读出味道来了。读诸集宜春，诸集的书春天读最好，天气刚刚转暖，心情很愉快。古人还"雪夜闭门读禁书"。所谓禁书，就是政府不让看的，而这个书什么时候最好？雪夜！闭上门读禁书，没问题！官府不会来了。

在中国古代读书有乐趣，读书还有一定的风险。有一位学者叫莫是龙，他说："人生最乐事，无如寒夜读书，拥炉秉烛，兀然孤寂清思，清彻肌骨。久坐佐以一瓯茗，神气益佳。"我们现在能感受到吗？古人有，深夜在一盏孤灯下去读书，虽然冷但是进入读书状态了，也不怕了。如果再有一杯茶，更感觉到其乐无穷。在那个农业文明社会，在当时的物质生活还不丰厚的情况下，读书确实是了不得的。如果读书再有一个像我们扬州这样的好环境，那更美啦！明朝陈继儒有诗云："笑指吾庐何处是？一池荷叶小桥横。灯火纸窗修竹里，读书声。"所以这个古人把书，可以说看成无上高尚的事。于谦有一首诗《观书》，其中写道："书卷多情似故人，晨昏忧乐每相亲。

眼前直下三千字，胸次全无一点尘。"读书看到什么？看到多年不见的故人。不管是什么时候，不管我的心情如何，一见到书就高兴了。眼前直下三千字，胸中的那些不高兴的事，全部扫光。

士人生活之二：入仕生活

入仕我们已经看到了。入仕的生活是怎样的？"入仕"的"仕"字就是单立人，加上一个士兵的士。你看这个字非常有意思！士人。而这个仕途呢？就是做官的士人如果是在仕途不断地奔走，他的仕途就越来越宽了。可是我们看到，现实是这样吗？我们看到一个强烈的反差是，政府、地方有限的职位，被无数要入仕的大军包围着，形势极其严峻。汉朝设立太学，这是汉武帝时期董仲舒提出来的，要培养有学问的人。读完以后考试合格毕业了，你就有了做官的资格。后来政府发现了，人们都去读书了，不再反抗政府了。而从政的能力，从政的责任感也提高了。所以就不断扩充太学，汉武帝时是五十个人，后来不断扩大，到了东汉洛阳就有三万太学生。

我们南开大学才多少人？本科生、研究生加一块，两万多。洛阳就三万，那个时代洛阳有多大？我想那个时候咱们要走在洛阳，经常看到的都是大学生。可是问题出来了，三万太学生毕了业，找工作上哪儿找？难啊！尤其政治上，宦官、外戚相互掌权，有限的职位被他们瓜分殆尽了，那些读书人还有职位吗？没有了。所以这个矛盾历代都有，东汉就特别突出。为什么我刚才说，有所谓的太学生运动，党人运动呢？就是因为职位没了、前途没了，所以当时人们就特别伤心。

那些人怎么办呢？就去游宦，就去找门路、托关系。所以当时有首诗这样说的："行行重行行，与君生别离。相去万余里，会面安可知。"人们走啊走，干什么去了？去找官做去了，但是找啊找找不到。跟自己家里的人，什么时候能见面呢？找不到工作，这让他们心情压抑，让他们愤懑。到了唐朝，科举制逐渐完善。科举制作用非常大。在相当一段时间里，中国选拔官吏的科举制，是世界上最成功的。因为第一，文化素质决定命运，不考试谁也当不了官。第二，不计门第，富人有钱，有钱不考试也不行；穷人没钱，没钱可以考试，考上照常做官。所以科举制的进步性是很明显的。但是还是那句话，有限的科举名额，被无数大军包围。所以想做官的人很多，而且这种观念越来越强烈。

大家读过《儒林外史》，应该说这是离咱们比较近的一部书了。当时有一个人叫马纯上，他说，人生世上除了这件事，没有第二件可以出头。不考科举你出不了头。只有凭本事，中了举人、进士，才能即刻光宗耀祖。所以人的一生，就在你中举的这一刹那。

宋朝以来有人总结出"人生四大乐事"，就是"久旱逢甘霖，他乡遇故知。洞房花烛夜，金榜题名时。"你看，压场的是金榜题名。可以想象人们那种艰辛读书，迫切想要出人头地的心情。这对于传承中国文化，使得中国文化能够渗透到每一个家庭，起了重要作用。

读书太艰苦了，也太重要了。汉朝有个人叫夏侯胜，告诉他的学生，"遗子黄金满籝，不如教子一经"。就是你传给儿子一百筐黄金，不如叫他读熟一部经书。所以大家想，这么艰苦的读书生活，一旦突然见到金榜有自己的名字，他得多高兴。

范进中举大家知道吧？得到自己考中的消息，大喊"中了！中了！"疯了！人们为了这一天，无数的煎熬、无数的岁月都不在话下。宋朝一个老者七十多岁了还在考科举。中国这个科举真厉害，没有上限年龄。这也是当政者的狡猾。读吧！多大年龄只要考就行。我们现在七十多岁早就退休好多年了。进了考场，七十岁了，又激动、又年龄大了，见了考卷不会写了。结果写了这么几句话，"臣老矣，不能为文也，伏愿陛下万岁万万岁"。皇帝一看，这么老了还来，还对我这么尊敬，给个官做吧！到现在说起来都是笑话。

道光六年，有一位从广东到北京赶考的老秀才，叫陆云从，103岁。结果皇帝都纳闷了：哎呀！这么大年龄还来。这是好事，国泰民安。说你是人瑞，"瑞"是祥事，人瑞是好兆头。别考了，给一个官做，回家吧！我们现在想，这种状态只有在当时人们把这个官看得太重了才会出现。

唐朝诗人孟郊也是多年的科考，考了多次总不中。有一首诗叫《再下第》，这样说："一夕九起嗟，梦短不到家。两度长安陌，空将泪见花。"什么意思？一觉九次起来，唉声叹气，夜不能寐，捶胸顿足。梦都很短，梦里都回不到自己的家。你想他起来这么频繁，他有梦吗？做不到好梦。可是对长安恋恋不舍，我再度到长安的街道，带着泪看长安的花。大家能想到他的痛苦心情吧？不中举，没出息，无脸回家。

孟郊46岁终于中了进士，大家看就像变了一个人一样。又写了一首诗，《登科后》："昔日龌龊不足夸，今朝放荡思无涯。春风得意马蹄疾，一日看尽长安花。"两首诗都有点变态，前者是伤心得睡不着觉，看到长安的花眼里含着泪。因为金榜题名的人，首先要在长安游街看花，这是荣耀。他现在中了呢？过去那些不高兴的事，不提了，一笔抹销。现在怎么放荡也没人管我了，春风得意马蹄疾，我的马骑得很快。为什么？"一日看尽长安花"，前面带泪看；现在到处看，荣耀无比，让人注意到自己。

落第诗、中第诗，唐诗里面很多。中国古代特有的政治环境、考试制度，使得士人不得不去被规范。唐太宗看到士人拿着考卷，鱼贯而入，规规矩矩，非常高兴地说："天下英雄进入吾彀中矣！"他们将来就是我的工具。所以中国古代的科举，确实造就了一批素质高、责任心强、管理能力强的官员。

士人生活之三：另类的自在生活

我想再说一种另类的生活，就是中国古代读书人很苦、很累，为了入仕很操心，也很伤心，但是中国古代还有一批人很潇洒、很自在。《晋书》《世说新语》中就有这么一种人。有个人叫张翰，他是南方人，当时到北方的时候正赶上秋天到了，秋风起，树叶飘落，天气寒冷。他在这个时候突然想到了，家乡气候温暖，有吴中菰菜、莼羹、鲈鱼脍，多潇洒、多好的日子，我为什么到洛阳千里迢迢做这个官？他说了这么一句话："人生贵得适意尔，何能羁宦数千里以要名爵！"人生最可贵的是适宜，我何必千里迢迢到这儿，以取得我的功名。说完这句话，不去洛阳了，回家吧！这是魏晋人特有的一种风度。

贵适宜，就是我想干什么就干什么，但是并非自由散漫。并非让别人看我如何如何，是发自内心的。所以贵适宜有什么特点呢？第一任情，从内心出发。当时有个人叫孙统，喜欢游山玩水，每到一处，非玩痛快不可。有时在回来的路上突然感到游兴未尽，便折返回去，又游一遍。任情最典型的例子，是王徽之雪夜访他的朋友戴安道。王徽之住在山阴，一天夜里下着大雪，王徽之睡醒了，打开窗户，赏雪、喝酒。忽然想起看看自己住在剡县好朋友，命人划了一夜小船，到了戴安道家门口，正要敲门，不去了，回去。下人很是不解，问他什么缘故，他说："吾本乘兴而行，兴尽而返，何必见戴？"多潇洒，没有任何顾忌，没有任何被别人约束的意思，完全听从内心。

士人的生死观

最后一个问题，在中国古代士人生活当中，还有一个观念很值得注意，就是人们对死亡的态度。按照儒家的观点，"不知生，焉知死"。你连生都不知道怎么回事，谈死干什么？这里面我想有两个原因：第一，对死亡的恐惧。第二，说不清，死亡是一件很神秘的事。为什么有人这样死的，有人那样死的；为什么有人这个年龄死亡，有人那个年龄死亡，谁能说清？

可是到了东汉末年以后，社会太动荡了，死人成了大家一抬头就看得见的事。从宦官杀太学生，杀党人，到后来的黄巾起义被镇压，再到后来的军阀混战，中国的人口骤减。曹操的诗，"千里无鸡鸣，生民百遗一"，许多地方都已经成无人区了。

公元 217 年，一场大瘟疫，许多人家里面都死绝了。建安七子里，好多人都死在那场瘟疫当中，所以到处都是死人。死亡已经回避不得。这个时候人们渐渐感觉到，死是人生的必然，死是人生的归宿。当时有许多诗中反映，人生就像一滴露水，人生就像一粒灰尘，转瞬即逝。这么短暂的生命怎么办？于是抓紧时间享乐人生，成为魏晋人的一个特点。我刚才说的那个贵适宜，就有这个因素。

还有一个，就是人们对死已经淡然了。对死亡由过去的不断痛哭、捶胸顿足，变得无所谓了。所以这时候出现一些现象。一个就是唱挽歌。过去在死人的时候会唱挽歌，拉着棺材去安葬的时候，一边拉一边唱表示哀悼。这时候有的人没有死，自己走路的时候也唱挽歌，唱得还挺动听。当时有个人叫袁山松，高兴的时候就唱挽歌。我们现在想也是很怪的，突然怎么奏哀乐了。但他自己很坦然，对死已经很感觉无所谓了。

我想在这里跟大家介绍一首诗，就是陶渊明的《自挽诗》，应该说代表了当时士人，也就是知识分子对死亡的最高境界："荒草何茫茫，白杨亦萧萧。严霜九月中，送我出远郊。"他是一个死人，这种角色出现了。"四面无人居，高坟正嶕峣。马为仰天鸣，风为自萧条。幽室一已闭，千年不复朝。"这个过程写的是他已被安葬了，他看到的就是非常肃穆哀痛的场面，连马也叫起来了。

但是后半段大家一听，坦然无比："千年不复朝，贤达无奈何。向来相送人，各自还其家。亲戚或余悲，他人亦已歌。死去何所道，托体同山阿。"千年不复朝，人死的事连那些圣人、达人都无可奈何，这是规律。由于人们认识到了这个规律，所以那些送葬的人各自归家了。归家以后，亲戚可能还在怀念，还有一些悲伤。别人就感觉无所谓，开始唱歌了。所以人生的死没什么，就是和山合为一体。这个境界应该是坦然了，就是不为死而恐惧，不为死而大操大办了。中国古人的这个境界，到了陶渊明的时候，能把死看得都很淡然，我觉得他的生，一定更加潇洒。

我希望咱们通过今天的交流，更多关注我们的内心世界，关注社会、关注国家、关注民族。同时让我们的生活更加多姿多彩、更有意义。

于 丹

　　北京师范大学教授、博士生导师，北京师范大学艺术与传媒学院副院长。曾先后担纲《在共和国史册上》《太阳照常升起》《正大综艺》等电视专题片及栏目撰稿人。2006 年起在央视《百家讲坛》主讲"于丹《论语》心得""《庄子》心得"等专题讲座，好评如潮。

阅读经典感悟成长

于　丹

为什么我们要阅读经典？在经典中如何去感悟生命的成长？经典不简简单单是写成文字的那些典籍，经典是那些不曾远离我们生命的、朴素的言论。经典从来不是从外在给我们一种知识的灌输，而是从内心完成一种情怀的唤醒。今天我们谈情怀，大概都有一种铭心刻骨的感受，今天我们每个人都是静下心来，真正看见自己内在的情怀世界。

我们说的经典有儒家的，有道家的，应该说有儒、道、释三家的，共同构成了中国人人格的源头。这些东西是不能孤立的。对我们每个人来讲，儒、道、释是什么呢？我来谈一点个人的见解。

儒家：生活的土地

中国的儒家，是我们生活的一片土地。人生而为人，首先要脚踩大地。儒家的精神，就是进入群体、融进社会，完成规则的认同和大家的人际和谐。儒家讲的是在这个世界上的担当、责任和人的奉献。

所以儒家的精神讲，"士不可不弘毅，任重而道远"。不可不弘毅，不能没有一种远大的、坚强的、刚毅的情怀志向。因为什么呢？任重而道远。任有多重呢？叫作"仁以为己任，以仁爱天下"作为自己的责任，能不重乎？路有多远呢？"死而后已，不亦远乎？"也就是说有生之年，一息尚存就要锲而不舍地做下去。这条路难道还不远吗？这就是儒家的担当。

儒家讲的是"三军可夺帅也，匹夫不可夺志也"，它崇尚的是人心中的大志与信念。孔子的学生子贡求教老师，做政治要有哪些条件？老师说有三点就够了，叫作"足食，足兵，民信之矣"。"足兵"要有国家机器，保卫国家；"足食"要有物质基础；"民信之矣"，老百姓要有信念。子贡很苛刻地跟老师讲，说此其三必去其一，去什么呢？老师说那去兵，我们就不要国家兵力了。学生还要挑剔地再问，此其二必去其一，这两条再去掉一个，老师说"去食"，我们就连物质基础都不要了。为什么要留下这个"信"字呢？孔子说："自古皆有死，民无信不立。"也就是说，没了兵，没了食，人无非就是一死。自古以来死的事情多了，但是民无信不立。只有这个"信"字不能少。这就是儒家的基本态度。它讲究仁爱天下，推己及人，这就是我说我们先要入世。

道家：生命的天空

人进入世界获得一个公共法则，为他人、为社会、为祖国，要有这样一种集体的认同和角色的担当。那么道家是什么？在我看来，道家就是我们的一片天空。庄子的态度是什么呢？庄子有一句话叫作"乘物以游心"，"乘"就是搭乘车马的乘，"物"就是指物质百态、世间万物；"以游心"就是心游万仞，也就是说世间万物皆为车马。你所做的一切事情，比如说放假的时候大家可以听听讲座，结伴出游，朋友吃吃饭。放假之后又上班、又工作，所有这一切事情皆为乘物，不滞留于此，不停顿于此而完成一个穿越。乘物最后的目的是什么？就是达到心灵的逍遥游。只有这才是真正的目标。就好像我们要去一个地方，可能会走一段路，骑一段车，乘一段地铁，再打一段出租车。你不是要停留在出租车上或者停留在自行车上，是为了抵达一个目的地。我们手中的万事万物皆为乘物，最后达到心游万仞。

但是你的心游历在哪里呢？首先要有一个天空的境界。我们人的生命有时候很渺小，但有的时候非常强大。翻开庄子的《逍遥游》，我们看到他给我们所描述的那个世界："北冥有鱼，其名为鲲。鲲之大，不知其几千里也。"你想那么大的鱼，几千里之大，酝酿着自己所有生命的力量，等待着冲天而起。"化而为鸟，其名为鹏。"这个大鹏鸟，它的背又不知其几千里也。"其翼若垂天之云"，它的翅膀就像天边的云彩一样辽阔。这只大鸟，抟扶摇直上九万里长空。"背负青天而莫之夭阏者，而后乃今将图南。"它的后背上托举着整片苍天，"莫之夭阏"就是没有任何力量可以阻挡它。而后它要从北冥飞向南冥，超越了人间的沧桑。这个辽阔的境界不令我们心驰神往吗？有一些境界，"高山仰止，景行行止。虽不能至，然心向往之。"我们自己的生命不一定可以那么大，但我们不能不知道。

以人间的视点来看，大鹏鸟飞过天空的时候它也遭遇人的议论。地上有一大批小型飞行物，比如蜩、学鸠、斥鷃，大家在一起说了，你看看我们几个也会飞翔。"我决起而飞，枪榆枋而止，时则不至，而控于地而已矣。"说我一振翅膀一努劲儿，也飞起来了。撞到榆树叶子上，就掉地下了。有的时候连榆树那么高我都飞不到。但那有

扬州讲坛

什么关系呢？"翱翔蓬蒿之间，此亦飞之至也。"咱们也能在蒿子杆里翱翔，这也就是飞翔的极致了。所以这几只小鸟就指着大鹏鸟说，"彼且奚适也？"那么大一个东西它要干吗去？你看看我们在这儿不也很好吗？这就是人间视点的差别。

我们每个人身高、体量都差不多，年纪也都活得长短差不多，但是心胸大小有天壤之别。为什么人心中只有土地是不够的，要有天空？是因为只有这种苍天之志，"乘物游心"，我们的灵魂才飞扬。这一天一地，就是中国人通常讲的儒道兼济。那么儒道之间是什么？在天地之中会独立着我们这一个人，天、地、人是为三才。中国人认为宇宙的精华在这个世界上是三样东西，就是天、地、人。

佛家：心灵的觉悟

在我看来，儒给了我们地，入世，让我们的生命自我实现；道，给了我们天，让我们出世，让我们的生命在实现之后完成超越；释佛就是在天地融合的时候，给了我们一种心灵的觉悟。人在其中，酝酿天地精华独成于心。

"觉悟"两个字也很有意思，"觉"字头下面是看见的见，"悟"是竖心旁一个吾。我们一个浅陋的解读，就这两个字你会看到真正的觉悟就是"见我心"。我们今天习惯于去了解大千世界，当我们想要去了解世界任何一个角落信息的时候，你上网都可以搜得到。但是再发达的高科技，唯独没有一个心灵的搜索引擎。这样一种反视内心、见我心的能力是我们今天最匮乏的。物质越发达，心灵越遮蔽。世界的选择越多元，人越迷茫和困顿。

可以说对于一个心灵明净、有力量的人来讲，面临多元选择那是奢侈的。那对于一个内心迷思惶惑的人来讲，多元选择就是一种灾难了。因为大到选什么房子选什么工作，小到在超市选一包方便面选一管牙膏，都会受到广告的吸引，会受到他人评价的左右，选来选去可能跟上了潮流，但最终是丢了自我的。

所以在我看来，天、地、人，其实就是在儒、道、释这样的一种精神光芒指引下，去完成我们生命人格的注脚。说到天、地、人的关系，我想起中国一个很古老的创世神话。大家可能听说过，盘古的开天辟地。在《三五历纪》这本书上，曾经讲到过盘古怎么开天辟地。它说天地混沌如鸡子，盘古在其中。天和地就是一团蒸汽，盘古就在这里面。然后它们就逐渐开始成长了。天日高一丈，地日厚一丈。盘古日长一丈。天怎么长、地怎么长，盘古跟着怎么长，人长的速度一点不比天地慢。

我们不都说天高地阔，觉得人渺小吗？只要你跟着它成长你就不渺小，而且你会通灵天地精华。所以它说盘古的这个"长"，叫作"一日九变"。九，在中国数字里是极言其大，就是一天之中有多种变化。"一日九变"这四个字让我心里非常感动。我们想想现在，系红领巾的孩子还会不会觉得，自己是天天成长的。一个成年人从大学毕业工作以后，老是疲惫不堪，觉得自己一直在释放自己的生命能量。天天忙于各式各样的事情，我们还会感觉到自己成长和变化吗？我们总在消耗，疲于奔命，困顿不堪，就是因为我们不变化、不成长。我们少了那种生命的喜悦，我们不在心灵上有着种种的好奇。我们不再为风花雪月所感动，我们不在人间的深情里面，在心中没有那种怦然的经历。所以一日九变，就是要人心有种种的变化，时刻感悟生命成长。盘古这样跟着天和地一块长，长了多少年呢？长了一万八千年，天和地终于分开了，多从容。

我们今天是个速成的时代了，三十天让你粗通英语，二十天让你了解人际交往的法则。我们现在读的都是文摘，吃的都是快餐。今天很多生活方式挺反自然的，失去了人与天地共生、共长的从容。

　　盘古长到"阳清为天，阴浊为地"，清气上升变为苍天，浊气下降变为大地。最后"天数极高，地数极深，盘古极长"。这个人最后是什么样子呢？《三五历纪》上有六个字形容他的人格，"神于天，圣于地"。这六个字我很喜欢。大家都听说过神圣这个词，何为神圣呢？它不是一个层次。圣于地，我理解近于儒家，在大地上做一个圣贤，把自己奉献出去，进入社会。神于天，就很接近于道家，在天空上神思遨游，生命舒展，让自己成为一个神仙。

　　假如一个人在大地上成为圣贤，那么他就会为这个世界、为社会有所担当；但一个人在天空上成为神仙，他的生命就有一种自觉的飞扬，他就可以不失却自我。如果一个人成为圣贤，那么他是崇高的，但未免有点可悲，因为他没有自己的生活，完全认同了规则；如果一个人完全成为了神仙，他倒是成全了优游，但又有点可耻，因为他不承担责任。怎么样做一个神于天、圣于地的人？佛家教给我们一种融会贯通的方法，让我们找到心灵的参照系统，抓住自己生命的坐标。

阅读经典，成就生命的大格局

　　每一个人都有自己的梦想，都有自己对于人格的一份解读。我记得我曾经看到过这样一个禅宗的故事。一个弟子去问师父，都说人心有大有小，心到底有多大，到底有多小？师父就跟他说，你把眼睛闭起来，用你的心来造一座城池，看看能造多大。那弟子闭上眼睛，想那种宫墙万仞，深深的护城河，城里面有亭台楼阁、花草树木，还想了一座大城池，一点一点描述出来。师父又跟他说，那你再闭上眼睛，用你的心造一根毫毛。他就又闭上眼睛，想了细细的一根毫毛。那么师父问他，你刚才造了那么大一座城池，用的是你自己的心吗？他说是啊，那么大城池都是我自己想出来的。师父又问他，说你造那么小一根毫毛的时候，你用的是全部的心吗？他想了想说对啊，就那么小一根毫毛，想的时候我也心无旁骛，不能再想别的事情了。这样一下就想明白了。

其实我们每个人这一生也是一样，如果你能够有那种鲲鹏之志，你不仅在人间来看我们的生命，还能自宇宙视点看见永恒，就会知道这个世界可以有无垠的辽阔，人心无疆。当你有这种辽阔的使命能够穿越沧桑的时候，心就可以造一座城池，那你就不会被小事困扰，你会一生前行。但是我们也有很多事情是一根毫毛，有些人一级职称没有提上去，两个朋友之间拌了一句嘴，夫妻之间有一点误会，这些事情可能都是一根毫毛。这个毫毛真绊在那里的话，它可能就是你心上的一根绊马索，你可能就会绊死在这根毫毛上。所以在我看来，对于经典的阅读，对我们这些普通人来讲，只有一个目标，就是成就生命大格局。

我为什么说天、地、人三才，要在儒、道、释的境界熔铸自己的心灵，就是因为它给了我们一个格局，我们每一个人都不是一个孤立的坐标，都要建立一个天地人格局。为什么格局大很重要？大家可能会熟悉我们生活里经常说的一个词"局限"，会说这个人思想方法有局限，工作上有局限。什么叫局限？我的理解，格局太小所以才会为其所限，而这个局是你自己做的。局限这个东西从来不是别人给你制造的麻烦、别人给你找的困难，有局限就只好自己跟自己斗气。

因为你的局小，你跳不出去。我们怎么样能够让自己生命境界真正辽阔起来呢？

我想经典里面，会给我们一些朴素的道理。很多人都会跟我说，《论语》难懂。两千多年的东西，如此久远，而且它里面有很多，在当时的宗法社会里，用礼制去强调社会治理的一些思想，确实也很过时。那么它还能给我们什么启发呢？我觉得只要我们每个人活在当下，用自己的生命去激活经典，你会找到那些朴素而永恒的道理。

比如说孔子的学生司马牛，曾经去问过老师，怎么做个君子？孔子的回答太简单了，只有四个字，"不忧、不惧"。也就是说，一个人没那么多的忧伤，也没那么深的恐惧，他的心就是一种坦然君子。学生听了不以为然，就很不屑地说："不忧不惧，斯谓君子已乎？"老师你说得也太简单了，就是这么个想法就叫君子？言外之意说，难道不需要为家国大业做点贡献？孔子又追问了他一句话："内省不疚，夫何忧何惧？"内省不疚，就是指这个人一天下来想想自己的行为，觉得上不愧于天，下不怍于人，凡事没有耍小聪明，没有贪小便宜，做到坦坦荡荡，光明磊落，了无愧疚，何来那么多忧思，何来那么多恐惧呢？也就是说一个人要在自己的内心里，有一份真正的价值安顿。这就是君子的反省。

我们总是怕别人的挑剔，那么我们为什么不能在内心建立起这样一种生命察省的坐标呢？真君子不见得完全在行为上评价，要以心灵来评价。如果你真能够做到这样的话，你哪来那么多害怕，哪来那么深忧伤呢？

有敬才有孝

怎么才能做到这些？中国的儒家，它不仅给我们远大理想，还给了我们从脚下抵达理想的一些朴素的道路。比如说学生在一起谈人格理想，而子路说，我的理想就是，"愿车马衣轻裘，与朋友共，敝之而无憾。"我有什么好吃、好穿、好用的拿出来跟朋友一起分享，用坏了我也不心疼。颜回比他要谦虚，说我的理想就是，做一个不矜夸的人，做一个谦虚自省的人。大家都各谈其志，谈来谈去发现老师还没说话，他们就请教老师，说您的人格理想是什么？孔子，这是一位万世师表至圣先贤，一个圣贤的人格理想会有多大呢？离我们遥远吗？孔子说我的理想就是"老者安之，朋友信之，少者怀之"，就是这样三句话。

我们大家想一想，这三句话跟我们每个人有关联吗？老者安之，就是生我养我的父母长辈，因为我而得以安顿；朋友信之，就是一生相伴相随的各种朋友，因为我而在世界上多一份托付信任；少者怀之，年少的孩子们，想起这个人来，会追慕缅怀以为榜样。十二个字很简单，我们每个人在这个世界上，也许你没有显赫的功名，没有骄人的财富，但是谁能离得开跟这三种人的关系？谁没有生养自己的父母长辈，没有一生相随相伴的朋友，没有自己的儿女晚辈？

今天有一个词叫"灯下黑"，就是说一个人，他不乏远大理想，光芒四射，但灯具下面这一片是黑的，照不到。我们往往在这个世界上最容易忽略的，就恰恰是老者、朋友、少者这几类人。所以中国的儒家思想，它不仅给我们远大理想，更重要的，它给了我们一个生命温暖的态度，就是让我们活得朴素、坦然、安心。

翻翻《论语》里面有好多关于孝道的说法，孔子的学生问老师什么叫孝。孔子说"今之孝者，是谓能养"，如今大家说起孝顺来，无非就讲能养活自己的老人。孔子接着说，"至于犬马，皆能有养。不敬，何以别乎？"你说你养了父母，那牛羊犬马你不也一样养着吗？如果你的内心对自己的父母，没有一份深深的敬意，那你对父母是养着，你对犬马也是养着，这两者之间有什么分别吗？

这话问得好。我们今天也能养着父母，我们也经常说给父母买个小房，每月给点零花钱，条件再好请个保姆。但是父母要是操心，你最近工作怎么样？你又要调工作了吗？我给你参谋参谋。绝大多数子女会很不耐烦地说，你自己就把身体养好，好吃、好喝，我们工作的事你又不懂别瞎掺和了。这里是什么呢？这就是你对他的那个经验系统的一种不屑，认为他过时了，认为他是农业社会的那种价值判断，而你已经到信息社会了，他帮不了什么忙。当你内心对他不敬的时候，你对他就会表现出这种不屑、不耐烦。所以孝敬，是内有敬，外才有孝。

学生问老师什么叫"孝"，孔子回答了两个字，"色难"。什么叫色难？用今天的话说，在孝敬这件事里，千难万难难不过你给爹妈个好脸色。你对老人总能有个和颜悦色，这比什么都孝。所以孔子接着说，"有事，弟子服其劳。有酒食，先生馔。曾是以为孝乎？"家里有什么活，孩子们抢着干；有酒有吃的，你父母可以吃了。做到这两点，你以为这就叫孝敬了吗？言外之意是不够。中国有句老话，叫作"百善孝为先，论心不论迹"，要看你有没有一颗心在。

我们的悲哀是什么呢？悲哀就在于，孔子认为最低标准的事，今天我们当成最高标准了。要是一家能够做到有事，弟子服其劳，有酒食，先生馔，肯定是五好家庭，因为一般人家做不到。谁家现在有事，都是父母跟爷爷、奶奶服其劳。有很多大学生，在家不洗碗、不洗袜子，这些事情都是大人去做的。

所以有的时候要想一想，"老者安之"，为什么圣人会把它当个理想，就因为难。看起来朴素的东西，知易行难。我是觉得人经历了像汶川大地震这么大的一场突如其来的苦难之后，我们的心应该变得朴素和简单了。让我们看见了身边的亲人，那份脆弱而弥足珍贵的亲情。看到这些东西，才算我们的生命从苦难中涅槃，能够真正唤醒内心的一些东西。

孔子那个时候说，一个人的人格成长，大概有三个阶段。第一段叫"入则孝，出则悌"。入门对父母有个孝，出门对兄弟有个悌。第二段是"谨而信，泛爱众，而亲仁"。一个人说话言谈谨慎而守信用，广泛博爱于众人，而能亲近仁义。第三段叫"行有余力，则以学文"。要把前两段都做好了，觉得自己行还有余力，那你可以念点书学点文化了。

你看这么简单的三段，我们今天刚好是倒着走的。我们现在的孩子们，从三四岁就开始背古诗了，五六岁的时候就开始上各种才艺班了，到八九岁就得上奥数班了，所以从小什么人生道理都没学先去学文去了。一路学，学到大学毕业、硕士毕业、博士毕业，回过头来到社会上，发现人间交往，一切关爱他人的规则一窍不通。学校很多没学，所以不断地要被社会修理、摔打，逐渐学会"谨而信"，不要经常放狂话，要谨慎守信，"泛爱众"，大家互相要关爱。能不能做到而"亲仁"还不敢说，最忽略的就是"入则孝，出则悌"。

孝悌之意是最被我们忽略的，所以我们今天经常看见自己苍凉的灵魂，从远方漂泊归来，是因为我们失去了生命出发的这个最温暖的起点。我们上来就做行有余力才敢做的事，我们的孩子一学就学到最远的地方，失去了起点。

所以有的时候我说，《论语》上的东西我不能说它就多么正确，但是我总觉得它会给我们一个参照。圣人所说的"老者安之"就四个字，但四个字做起来挺难的。要把所有这些孝的道理都贯穿起来，《论语》里面有一句话，我们天下为人儿女者都应该记住，很朴素的一句话，"父母之年，不可不知也。一则以喜，一则以惧。"父母的年纪你不能不牢牢记在心里，想起他的年纪来，一方面你会非常高兴，因为高堂犹在，他那么大年纪了还健在，这就是做儿女的福气。但另一方面，你对他年纪的恐惧会远远大于欢喜，因为他年事这么高，去日无多，你不知道还有多少膝前尽孝的机会。人对父母是不能赊账的，你不能说三年以后我带你去旅游，一年以后咱们出去度假，下星期我回家吃饭。你知道他等得到等不到？这个世界上有一种深沉的悲哀，就叫作"子欲养而亲不待"，有的时候年华是不等人的。

仁者爱人，智者知人

孔子说，"能行五者于天下"，仁爱就做到了。哪五者呢？就是"恭、宽、信、敏、惠"。"恭则不侮"，对他人毕恭毕敬就保有尊严；"宽则得众"，对他人宽容就能得到众人的爱戴；"信则人任焉"，守信用能够得到别人的任用；"敏则有功"，用智慧去提升效率；"惠则足以使人"，有恩惠之心才能够调动得了团队积极性。

用今天的观点来看，恭和宽教我们的是怎么做人；信和敏教我们的是怎么做事；惠教我们的是一种做官的风范。做人、做事、做官，无非就是现代人在这个世界上所要经历的一些道路，应该说古圣先贤都说到也都做到了。这些东西离今天很远吗？我想儒者的风范，有的时候就在普通人的心中。我们还是能够看到当代的一些大儒，他们怎么含蓄蕴藉地在做人。比如季羡林先生说话从来是不讲满的，他都是非常谦虚。还有我自己的学校北师大，过世不久的启功先生。大家在屏幕上看季先生、启先生这些人，从来待人谦和恭敬，没有那么多的剑拔弩张。可以说恭、宽、信、敏、惠，都在他们为人的风范里面。

光有了仁，没有智也不行，所谓"智者不惑"。惑字写得很有意思，上面是一个"或"，这个世界上当你或这样或那样，有所选择，把一颗心给遮住的时候，迷惑就产生了；但是当你的一颗心，把或此或彼的选择能拖住的时候，你就不迷惑了。所以这颗心怎么才能大起来呢？那就是用智慧。

学生问老师什么叫"仁"，孔子的回答是"爱人"。学生又问老师什么叫"智"呢？孔子的回答还是两个字，他说"知人"，就是知道人、了解人。了解了他人以后才不会迷惑。这个世界上真正的大智慧，不是你了解天体、物理，懂得生物、化学，而是你能够顺着人心上的每道纹路，走进他隐秘的欢喜和忧伤，去放大他生命真诚的愿望，知人才不惑。

知人这件事情你觉得很容易吗？有的时候就是你身边的亲人，你就真的很了解吗？很多人可能会说，我身边的亲人是我这世界上最爱、最在乎的几个人，我怎么会不知道、不了解？其实我们最大的误区就是认为，我们特别在乎和关爱的人，我们就一定了解。

曾经有一对渔村的夫妇，这两个人少年结发，相亲相爱。这个妻子特别贤惠，她总是把丈夫打回来的鱼，挑最大的一条收拾得特别干净，斩去头尾把中段或者红烧、或者清蒸，给她丈夫端上桌，自己在厨房胡乱烧一点头尾吃了就完了。这个日子一过流光几十年，一辈子两个人彼此不提任何的要求，没红过脸、没打过架，直到儿女长成，老夫妻暮年相对。有一天这个老先生，特别惆怅地叹了口气，他说这一辈子我也没对你提过什么要求，我要是现在不提就有点太晚了。他说你什么时候能给我做顿红烧鱼头吃啊，我从小就最爱吃鱼头。我也不知道为什么自打娶了你，这辈子就没见着过鱼头。他太太一听眼泪就下来了，她说我从做姑娘的时候就最爱吃鱼肉，我认为这鱼肉是世界上最好吃的东西。我就是因为爱你，所以把最好的鱼肉都做给你吃了。我吃了一辈子不爱吃的鱼头，从来没想过你是爱吃鱼头的。

你看大家都笑，但我要再问大家一个问题，你就笑不出来了。我们是不是每个人都曾经给自己很在乎的人，买错过礼物或者办错过事？我经常看见我的学生，说老爸过生日了，花一个月甚至半年的奖学金，买一个好几层奶油的大蛋糕，一只手扶着车把，一只手拎着蛋糕，满头大汗顶着太阳歪歪斜斜骑到楼下。跑上楼去兴高采烈刚往那一放，他老爸一脸不高兴地说，我得糖尿病都四五年了你还买这东西。孩子也挺委屈，他老爸也挺生气。有很多时候，这个世界上，缺少的不是爱，最大的误区是我们总以自己爱的方式，去给予别人，就是你给的不是他人需要的。所以有的时候，比爱更重要的是懂，就是真正的懂得。

张爱玲有一句话说得好，"因为懂得，所以慈悲"。慈悲是一种深刻的洞悉，是一种深刻的懂得，懂得之后才包容，这就是孔子说的"知人"。你要真知道别人，是要透过表象了解内里深刻涵义的。

子路就问过老师一个问题，他说，"子行三军，则谁与？"老师如果你带兵打仗，会用什么人？孔子说，"暴虎冯河，死而无悔者，吾不与。"孔子说如果有一个人来，拍着胸脯跟我讲，我赤手空拳敢打大老虎，只身泅渡敢过大河，我死而无悔，这样的人我可不敢用，坚决不用。

孔子要用什么人呢？他也说了八个字标准，"临事而惧，好谋而成"。领导、上司交给你一件事，面临这件事的时候心里懂得惧怕，譬如说告诉你完成什么事，你认真地听，听完了以后说好要回去做一个调查，写一个可行性报告，看看还缺哪些条件，这样说的人，比开始就拍胸脯立军令状的人，要靠得住得多，因为他心里头真知道害怕。但是你也不能惧到这事就不办了，还有后四个字叫"好谋而成"，好好用自己的智慧去谋划完成。用那个低调做事但扎实完成的人，懂得低调但一定保障效果，这才叫知人而善用。

透过表象去真正找到事情可行的依据，这才是智者的态度。智者知人，知人而善用。仁、智、勇为什么被视为君子三德呢？是因为仁者给我们一种无忧的胸怀去包容。智者给我们一种清明的理性去判断，而勇者给我们一种磊落光明的坦荡，去永恒地面对各种可能的风险。这三者匹配到一起，这就是孔子说他都做不到的三道德。他说完以后学生跟他说，"夫子自道也"，您说的就是您自己，你已经做到这一切了。这就是儒家告诉我们的基本的处世之道。大家想想，离我们真的远吗？这不就是我们的现实生活吗？

天地有大美而不言

那为什么我们还要有点道家的态度呢？儒家固然教了我们一种深刻的入世，但有的时候要有一点出世之心。庄子说："天地有大美而不言，四时有明法而不议，万物有成理而不说。"我们今天能看见的那些美丽，都是一些人工的小美。真正的大美就是早晨流云，晚上暮霭在天空的幻化，清风明月，鸟鸣泉响。这些大美不言，需要我们在世界用心倾听，把自己融进去。人不能太嚣张了，也不能太狂妄了。人如果远离了地气，不融合在自然里，你失去的不光是审美，失去的也是生命的质量。

中国古人的审美什么样子？魏晋人弹琴叫作"抚琴动操，欲令众山皆响"，一个人弹琴的时候要听见山峦的和鸣。李白写诗说："蜀僧抱绿绮，西下峨眉峰。为我一挥手，如听万壑松。"我的好朋友蜀地高僧，抱着绿绮琴西下峨眉峰，他给我弹琴的时候，为我一挥手如听万壑松，一拨琴弦，之间万壑松风浩荡一起鸣响起来。"客心洗流水，余响入霜钟"，我的心就像在清亮亮的水中洗涤一样。因为听到这样的一种声音，是自然天籁从心头流过。

我们今天听不见这样的琴声了，我们不能像嵇康那样"手挥五弦，目送归鸿。俯仰自得，游心太玄。"一个人在弹琴的时候，目送长鸿归雁在天边消失。这个时候俯仰自得，一个人"仰观宇宙之大，俯察品类之盛"，才可以完成心游太玄。在自然间的遨游，这才是天地大美。

所以石涛画画的时候说："我写此纸时，心入春江水。江花随我开，江水随我起。"一个画家在展开画卷之前，提笔往白纸上落下的时候，觉得自己的心是浸润在春江水中，江花从我心里开出，江水从我心中泛起。这是大艺术家呀！天地的大美不言，就是让我们能够真正俯身浸润进去。"四时有明法而不议"，四季春种秋收，夏天太阳就会很热烈，到冬天地里就要收藏。这里边明明白白的法则，用不着人去议论，不要老想着去违反自然规律。

我们现在干了多少违反自然规律的事情？我们砍掉几百年上千年的树木，为了去要那点可怜的梯田。但是过上几十年就得退耕还林。该是自然的东西，你必须还给它，要不然水土就流失了。我们今天的生活，是先坐电梯上到十几层楼、上到健身房，然后再上跑步机上去跑步。现代人先在宴席上胡吃海塞，吃完了以后再大把吃减肥药，我们违背了好多明法不议的东西。

庄子说"万物有成理而不说"。所以智者不言，有很多东西不必说，要靠心去体会。道家的境界多美好，它是缄默的，但它像一个智者恒定的微笑，它让你真正去体会。庄子说的那个境界，叫作"独与天地精神往来"。一个人在有生之年，天地与我共生，万物与我合一。所以一个人的心可以做到，蓬勃万物而独与天地精神往来。一个人，八小时之内可以是儒家，认同规则，那八小时之外就可以是道家，心灵遨游。如果我们少掉了道家的这份智慧天地视点，我们的人生就会太单调，就会在这种现有的局限中受到很多困扰。

儒释道熔铸精神世界

苏东坡大家都熟悉，这个人的一生是什么样的态度？他在朝为官的时候，是翰林大学士，是一个真正参与国家草拟宪章的要臣，所以他一直活在新旧党争的夹缝中。他认为新党的改革太过激进，他又认为旧党太保守，弄得新党跟旧党都不拿他当自己人，他就老受排挤。在"乌台诗案"中还差点把命给搭上。他这一辈子，要么就是在庙堂之高能够参与决策，忽而就会处江湖之远，遭遇流放。所以他说自己，若问平生功业，黄州、惠州、儋州，到处去贬官。他在扬州、在西湖的时候都算是好日子，成天可以看看淡抹浓妆总相宜的西子湖，跟佛印这种朋友参参禅，还可以研究研究东坡肘子。

所以林语堂说苏东坡是什么人？这个人是一个月下行吟的诗人吗？是一个泼墨作画的艺术家吗？是一个沉吟、沉思的智者吗？是一个真正能够参悟的那么一个佛的化身吗？他说所有这一切是又都不是。只要提起苏东坡这三个字，中国人就会露出会心地微笑，这就够了。

苏东坡这样的人呢，就是好日子他一定好好过，他能够过得四时风物从心里走过，儒、道、释三家镕铸一个大的精神世界。但是最难得的是，他过苦日子的时候，你看他什么样子。黄州、惠州、儋州大家知道，穷乡僻壤。贬到天涯海角，苏东坡一看，"九死南荒吾不恨，兹游奇绝冠平生"。说这地方好，这儿的风景我这辈子都没见过，就算是再贬到这儿，我心中没什么可抱怨的，我就只当是来玩了。贬到岭南的时候，苏东坡看到鲜荔枝，"日啖荔枝三百颗，不辞长作岭南人"，那我就天天吃鲜荔枝，这辈子不走了。

那个时候不做高官，也没人成天拎着礼去找他过节，苏东坡自己过节。他说"菊花开日乃重阳，凉天佳月即中秋"。说今天你看菊花开了吧，走走走大家去登高，今天我命名就是重阳了。你看今天月亮好吧，来来来今天我命名为中秋，大家喝酒吧，他的心哪天想过节哪天就过节。所以苏东坡一生流离失所，但是他从来不像中国的文人，老发出乡关之叹，中国人动不动就说"日暮乡关何处是，烟波江上使人愁"，老在找家乡。苏东坡七个字说得好，他说"此心安处是吾乡"，他说这颗心安顿的地方，就是我的家乡。我们每个人所谓物理意义上的故乡，也无非就是你祖辈的他乡。可能你爷爷的爷爷的爷爷，挑着担子到了这里这就成了你的故乡。我们真正心灵上所寻求的故乡，只有一种可能，就叫"此心安处"，就是你生命有归属感的地方。

苏东坡就是这样，到处都有归属感。他有一首词牌写得好，叫《定风波》。风波是能定住的，在党争里又怎么样？他写了一个很有意思的场景，他说一帮朋友出去玩赶上下大雨了，同伴都没有雨具四散奔逃，他一个人在雨里溜达着。写了这个诗词，"莫听穿林打叶声，何妨吟啸且徐行"，大雨哗啦啦地下来了，人为什么害怕？其实你怕的不是雨，你怕的是风雨的动静。我们每个人有时候都会被动静给吓到。有人可能得了场病，或者工作有个小失误，结果一下子来了三四十人安慰你，不停地握着你手说，一定要挺过去啊！你会被人彻底给安慰毛了的。这就是动静。就像风雨，风雨无非就淋湿你，你说很可怕吗？但动静太大了。

穿林打叶声哗啦啦的，苏东坡的态度就是你可以不听啊！"莫听穿林打叶声，何妨吟啸且徐行"，吟着诗长啸着慢慢走又怎么样。"竹杖芒鞋轻胜马，谁怕？一蓑烟雨任平生。"你要问问你的心，你怕了吗？如果你没怕的话，那就算是草鞋竹杖，我也觉得轻盈胜似骏马。一蓑烟雨任平生，又能怎么样？所以他下半句写："料峭春寒吹酒醒，微冷，山头斜照却相迎。"身上一阵冷意，觉得酒醒了。回头一看山头斜照亮起来。如果你从容，你会看见永恒的温暖。"回首向来萧瑟处，归去，也无风雨也无晴。"这就是苏东坡一生走过的姿态。

文化的力量是什么呢？它是让一个人在任何时候，都有这样的一种镇定和潇洒。在欢欣的时候，能够享受这种欢喜；在苦难的时候，又能够熬过蹉跎而心依旧乐观。苏东坡就是做黄州团练副使的时候，他"老夫聊发少年狂，左牵黄，右擎苍，锦帽貂裘，千骑卷平冈。为报倾城随太守，亲射虎，看孙郎。"无非就是个打猎，锦帽貂裘，带着那么多人千骑卷平冈。你看他少年豪气，在一个他自称老夫的时节，还能如此豪奢。"酒酣胸胆尚开张，鬓微霜，又何妨。持节云中，何日遣冯唐？"他还在想着自己，哪一天能去建功立业，"西北望，射天狼"。这就是一个人的精神的豪奢，这个人从来不因为困顿而蹉跎。

林语堂先生写了一本《苏东坡传》，是我特别喜欢的一本书。他对苏东坡的评价我也很喜欢，他称苏东坡为不可救药的乐观主义者。就是说我们生命中能有一种乐观，它不因为苦难、困顿而被剥夺，它也不因为死亡而从你的身上消失。这个人怎么样才能不可救药乐观呢？苏东坡跟他的弟弟苏辙说过一句话，"吾上可陪玉皇大帝，下可以陪卑田院乞儿，眼前见天下无一个不是好人。"这话说得好。他说你看以我这样的才华，有胸中千卷下笔万字，所以跟玉皇大帝在一起聊天，也没什么可怕的。"下可陪卑田院乞儿"，田里现在来个要饭的跟我聊天，我也能跟他聊得高兴得不得了。这个林语堂就点评他，你看苏东坡这一辈子受人排挤，他怎么会看谁都是好人呢？林语堂最后得出的一个结论说，苏东坡这个人爱憎分明，但是他恨事而不恨人，因为恨人是无能的表现。我觉得这话说得也挺好。

　　我们一开始就说到，儒、道、释三家，在我们天、地、人三才这样的一个位置上，完成镕铸和打通，其实最好的都在苏东坡身上，你能说他是儒占得多，释占得多，还是道占得多？都有。这些东西要整合于心，其实才成为一个人。再譬如说，像李太白这样的人，龚自珍曾经这么评价他，说"庄、屈实二，不可以并"，庄子那是道家吧，屈原那是儒家吧？谁说这两样东西能合在一块儿？但"并之以为心，自白始"。李白把它融成了自己的心，这两人在他身上就合了。说"儒、仙、侠实三"，儒家、还有神仙的东西和侠客的态度，这是三种不同的东西，"不可以并，并之以为气，又自白始"，李白把它变成了一种气质。所以他就把所有的东西，融在了一人身上。

　　我们回顾中国历史，总有一些大家，能够完成生命中文化的融合和打通。这种融合才是一种大境界，这个人才能有一种天地之间，那种磊落的格局。李白这个人高兴的时候会说"且乐生前一杯酒，何须身后千载名"，他会说"人生飘忽百年内，且须酣畅万古情"。人生高兴就是万古长情，人生不得意的时候他会说"五花马，千金裘，呼儿将出换美酒。与尔同销万古愁"。你看一个人，悲也千古、乐也千古。这个人想上天，就可以跟太白山说话，"太白与我语，为我开天关"。说你跟天上说一声把门儿打开我就上去了。他想去咸阳也不用飞机，"狂风吹我心，西挂咸阳树"，一阵大风把我心就刮过去了，挂在咸阳树上。所以他形容朋友送他，"桃花潭水深千尺，不及汪伦送我情"。他说自己发愁就是"白发三千丈，缘愁似个长"。形容下雪都敢说"燕山雪花大如席，片片吹落轩辕台"。

你说李白的格局有多大？这就是人的精神气象，一个人是可以用他的精神气象去改变天地的。李白在洞庭湖上，人家都是"未到江南先一笑，洞庭湖上对君山"。看看小君山挺好，李白嫌碍眼。李白说："铲却君山好，平铺湘水流。巴陵无限酒，醉杀洞庭秋。"把君山给我铲了，让湘水平平地铺在这里。巴陵无限酒，整个把洞庭秋意全都醉倒了。这就是一个人的精神气概。所以那些能把儒、道、释融合在生命里的人，是可以做成这个样子的。就像余光中先生写李白，他说李白这个人："酒入豪肠，七分酿成了月光，剩下的三分啸成剑气，绣口一吐，就半个盛唐。"一个人怎么样才能够这样呢？锦心才有绣口。

我们今天所看到的这些大家，都是摆在我们面前的人格典范。这些人都是因为自己的生命格局雄阔浑厚，能够让自己不受拘束，超越困顿坎坷，所以才会有这种彻悟和生命的飞扬。我觉得阅读经典，真正的目标就是在这样的时候，我们每一个人都能找到自己的人生。

康 震

北京师范大学文学院教授、博士生导师。主要研究方向为中国古代文学、中国古代诗词散文、唐宋文学。先后在《百家讲坛》主讲"李清照""唐宋八大家"等内容。他的讲述诙谐幽默，常引来在场听众阵阵笑声。

唐诗的永恒魅力

康　震

　　扬州这个地方跟唐诗的关系实在是太密切了。

　　只要你坐车进入扬州的市区，到处都能够看到"故人西辞黄鹤楼，烟花三月下扬州"这样的诗意场景。这首诗把一个人在扬州送别朋友的那种友情的深挚写到了极点，所以我觉得扬州这座城市是一个友情的城市。"沉舟侧畔千帆过，病树前头万木春"，是刘禹锡在跟白居易喝酒的时候，想要激励自己写的一句诗。所以扬州也是一座励志的城市，能够给人一种骨气、勇气，能够让人在艰难当中想到生活的前途还是美好的。大诗人杜牧的"二十四桥明月夜，玉人何处教吹箫"，它展示了唐代诗人的风流倜傥，展示的是精神的风采，所以扬州又是一座具有文人风情的城市。当然还有"天下三分明月夜，二分无赖是扬州""腰缠十万贯，骑鹤下扬州"等。毫无疑问，当年的扬州是一座财富的城市。

　　我为什么在讲这个题目之前，特别把一些关于扬州的诗摘出来？因为唐代，包括宋代，扬州可以说象征了中国人的一种全面的生活方式和情感方式。因此，我们也为扬州感到骄傲。能够在扬州讲唐诗，我本人也非常骄傲。

唐诗大家都很了解。比如我们思念在遥远的海峡或者是远隔重洋的亲人的时候就会说"海上生明月，天涯共此时"，这是唐代的诗人张九龄所作；当我们回到阔别的家乡时会说"少小离家老大回，乡音无改鬓毛衰"，这是贺知章写的。我们有一个共通的感受，就是我们所要表达的情感都在唐诗中有很典型的反映。你有什么样的情怀要表达，就有什么样的唐诗能够为你呈现。所以我经常喜欢打一个比方：我们拿起一个 MP3，或者那种很小的 U 盘，从外形上看很小，这就很像是唐诗，唐诗的形式很短小，但是，如果你把这个 U 盘插到电脑里，你打开它可能是一个 G 或者是 100 个 G，它里面蕴含的容量是非常大的。

唐诗主要的特点是什么呢？首先就是它很短，便于记忆、背诵；第二，它很容易懂，"野火烧不尽，春风吹又生！"不需要注释，只要念出来，我们就能够听懂。这好比是 U 盘插到电脑里，容量很大，密度很大，所以一代一代传诵至今，一千多年却从来没有在我们的记忆当中枯萎，反而就像白居易说的，"野火烧不尽，春风吹又生！"每当我们读到"慈母手中线，游子身上衣。临行密密缝，意恐迟迟归"，这些再熟悉不过的诗句的时候，总是能够唤起我们更新的一层感受，常读而常新。这就说明在唐诗中，存在着一种难以言说的巨大的魅力，这是一种艺术的魅力。

大家不要忘了，唐诗固然是艺术品，是文学作品，但是写唐诗的人可都不是一般人。有人可能要问，这些诗我们小学的时候就懂了，何必劳驾您给我们讲一遍呢？您到底能给我们说出一点什么新东西来呢？我这里就要告诉大家，这些诗是怎么写出来的，让大家了解这些诗人的身上发生了一些什么事情。

诗仙李白："天生我材必有用"

举个简单的例子，《将进酒》大家都很熟悉，李白的代表作。他说："君不见，黄河之水天上来，奔流到海不复回。君不见，高堂明镜悲白发，朝如青丝暮成雪。人生得意须尽欢，莫使金樽空对月。天生我材必有用，千金散尽还复来。"这个诗一开头就说，你看黄河水从那天上来，奔流到东海从此不复回，又说在镜子里面看到自己的头发早上还是青丝，黑色的，到了晚上就变成白色的。这都是在形容时间过得太快，人生消逝得太快，人太容易苍老，而自己虽然一把年纪，但却老大无成，功业无就，所以只好"人生得意须尽欢，莫使金樽空对月"。

这不是很消沉吗？好像就要及时行乐了。不，李白紧接着说，"天生我材必有用"，不是说"天生我材可能用"，也不是说"天生我材将来用""过去用"，而是"必有用"。诗人写诗，一字千金，一字当十。"天生我材必有用"，因为有这个自信，所以千金散尽还能来。"天生我材必有用"现在当然是我们都很熟悉的一句话，但是我们仔细想一想，你在你的工作单位里，你在你自己的办公室，你敢不敢说这个话？你认真地真诚地想一想，你能不能在办公室里跟你的部长或者上司说"天生我材必有用"？我敢说，很多人心里可能会有这个思想，但是未必真的敢说出口。为什么呢？

第一，说不出口，自己都觉得惭愧得慌；第二，说出来害怕人家不承认；第三，说出来之后虽然大家不反对，但是心里面会觉得你这个人有毛病。所以能说"天生我材必有用"这句话，那还真不是一个人的事。他能把这个话说出来说明，第一，有这个说话的环境，周围有一个环境允许他说出天生我材必有用；第二，这个人也许真的是有

扬州讲坛

才；第三，也许这个才真的能够为世所用；第四，不是可能为世所用，是必然为世所用。要符合以上四个条件，这就难了。

你了解了这首诗，但是你不了解这首诗背后的语境，对这首诗的理解就是很肤浅的。李白有什么才呢？我们需要看一些真实的材料。所以读唐诗不能只读诗，就像陆游说的一句名言，"功夫在诗外"。

李白写过一封信，是《上安州裴长史书》。这里跟大家解释一下，唐代人做官有几种途径：第一是考科举、进士，这是主渠道。但是现在大家知道，我们现在的高考的录取率是比较高的，2∶1，唐代的录取率呢？每年能够中进士的不过 20 余人，但是唐代人口最多的时候是多少？五千万。这个比例就非常非常小。第二，靠门荫，你爸爸、爷爷做过官的，子孙就可以做官。第三，就是跑官。这个跑官跟我们现在的跑官不一样。王勃有一诗中说，"同是宦游人"，我跟你离别的时候，为什么感伤？我跟你为什么是知己？因为我们"同是宦游人"，我们大家都是要在仕途跑出个名堂来的人。做官在封建时代对一个读书人来讲，几乎是唯一的理想，也是最高的追求。唐代对于参加科举的资格限制非常严格，你们家亲戚如果有做商人的，你们家族里面有人犯过罪，都不准考科举；要当官就只能跑官，就得自我推荐，写自荐信。《上安州裴长史书》就是一封推荐信。

《上安州裴长史书》，这个安州在哪里？就是现在的湖北安陆县，现在已经改成县级市了。李白沿着长江走了一趟，后来返回湖北安陆结婚，他结婚的对象姓徐。李白的结婚是很讲究的，不是随便谈个恋爱就结婚的，要看门第，讲究财富。李白自己没有钱，但是他的夫人家里很有钱，所以李白就倒插门到她家。这个安州相当于一个县，这个长史就相当于县长。李白给他写了一封信，说"少长江汉，五岁诵六甲，十岁观百家"。他五岁的时候，就诵六甲，就是道教的书。李白这个人从小接受的教育比较奇怪，他看书比较杂，他后来的这种浪漫主义风格跟他从小接受的教育有很直接的关系。杜甫小时候是不读这些书的，读的是儒家的经典。李白十岁的时候什么书都看。

我们了解到李白少年时代的知识背景是很博杂的，他读出了什么门道呢？读完以后发现，"故知大丈夫必有四方之志"。什么叫"四方之志"？以四海为家。以四海为家有两种人：第一是宰相，皇帝；第二是流浪汉。李白说"大丈夫必有四方之志"，我要做官只做宰相，别的都不做。换句话说，我要做官只做国务院总理，连副的都不做。这是一种非常的志向，看上去很简单，但是非同寻常。而且李白实现这个理想的方式非同寻常，也很简单，是什么呢？古人有两句话，叫"三年不鸣，一鸣惊人。三年不飞，一飞冲天"。他不参加科举考试，不耐烦慢慢一步一步熬到很高的位置，他要一步登天，平步青云，直接做宰相。这个很了不得，气魄大极了。

写这封信的时候，李白才30岁，他立志的时候是25岁，现在的硕士研究生刚毕业。怎么做呢？"仗剑去国，辞亲远游。"腰下挎一柄宝剑，离开家乡，向远方遨游，向南到达洞庭湖，向东一直到达溟海，就是现在的扬州。"曩昔东游维扬，不逾一年，散金三十余万。"在扬州待了不到一年，花了三十多万。这钱都没有花在自己的身上，花在谁身上了？"有落魄公子，悉皆济之。"看见那些可怜的、没着落的读书人，给他点钱。一个人给一万块，这就救了30个人；一个人给五千块，那就救了60个人。

李白说自己有个优点，"白之轻财好施也"。不爱钱，得有个前提，是你得有钱你才能做到不爱钱；你都没钱你说你不爱钱，人家就笑话你。他不到一年散尽三十余万，他有资格说，我轻财好施。你不要只是看不起钱，你还得好施，把钱不当钱的主要目的是什么呢？

是把钱送给那些需要钱的人，这得转几个弯子。这就是侠士的精神。在开元年间，李白算是中等家资。所以郭沫若先生就说，李白家里应该是做生意的。李白的家人给了他钱，他拿了这个钱花得也很快。他是视金钱若粪土，只要能够交朋友，花多少钱没事。这是他的第一个优点，花了30万不在自己身上，在朋友身上。

第二个特点是什么呢？存交重义，讲义气。他跟一个朋友吴指南，从四川沿江东下，两个人走到洞庭湖，吴指南突然暴病而亡。李白非常伤心，他穿着素服，扒在这个朋友身上哭，当时天气炎热，他"炎月伏尸，泣尽而继之以血"。眼泪哭干了，流出血来。"猛虎前临，坚守不动"，害怕有华南虎来，守着这个尸体。为什么呢？因为在唐代的洞庭湖它还是一个原始森林，那有虎，狼很多，他担心虎狼把朋友的尸体叼走，所以守着这个尸体。但是没办法，最后草草葬在湖边。李白最后去了哪里呢？去了扬州。

后来过了好几年，他再次返回湖北的时候，路过洞庭湖，"数年来观，筋骨尚在"。他又看他的朋友，把他朋友的尸骨挖出来，看见筋骨尚在，他就流着眼泪，用刀将朋友的骨头剔出来，装在一个袋子里，把他一直背到了现在的武昌城外，借钱安葬在武昌城的东边。这是为什么呢？因为唐代人有一个观念，认为人第一次安葬的时候灵魂是不能安宁的，三年以后，等一个人的尸体都化尽了再把他挖出来第二次进行安葬，这叫二次捡骨法，是唐代的一种风俗。现在四川的少数民族地区还有这种安葬方法。为什么讲这个细节呢？因为这个不是李白写自传，是他写给当时的裴长史的自荐信，说明这种丧葬习俗在中原地区已经被广泛接受了。这就说明李白存交重义，我没有钱，借钱来安葬朋友。

第三是有才。李白回忆他年轻的时候，跟另外一个朋友在山里面隐居，只干一件事情，养鸟，养了成千上万只鸟。这些鸟训练有素，他手掌一伸开，那鸟就会飞到他的手掌上。这是非常奇怪，会引起别人注意的事。所以你看他这样说，"广汉太守闻而异之，诣庐亲睹，因举二以有道，并不起。"当地的太守听说这件事以后，觉得非常吃惊，就跑到山里面来找他们两个，认为他们两个是得道成仙的人，请他们出来做官。结果他们不去。是不爱做官？不爱做官你写这封信干吗？实际上想通过这种奇特的行为方式吸引人家注意，但是他的目标不是吸引一个太守，吸引成都市的市长。那如果是四川省省长来请呢？他也许还不去。那要等到什么呢？国务院副总理去请他他才出来。级别不够。李白通过这样的一种方式来提高自己的知名度。这是他自己说的他的优点，"此白养高忘机，不屈之迹也"，不愿意屈从于当官的人，自己有很高的志向。

李白讲自己的优点讲得很多，我这只是选了三条。一般来说自荐信是有规矩的。我们大学生写自荐信，第一，介绍自己的情况，有什么优点；第二，我对你们单位有什么了解；第三，说我的这个特点跟你们单位的特点有什么吻合的地方；第四，希望你们用人单位能够把我录用了。对不对？但是李白不，他最后就放了一颗炸弹。他说："愿君侯惠以大遇，洞天心颜，终乎前恩，再辱英盼。白必能使精诚动天，长虹贯日，直度易水，不以为寒。"您要是录取了我，让我做您的手下，我肯定用一颗真诚的心来对待您。这不是很好吗？

下面就很奇怪了，"若赫然作威，加以大怒，不许门下，遂之长途，白既膝行于前，再拜而去。"可是您要是给我脸色，在我跟前作福作威，而且对我态度不好，加以大怒，甚至不录取我，还要赶我走，那我用膝盖走到您的跟前，然后给您作一个揖，拜一拜您，"西入秦海，一观国风，永辞君侯，黄鹄举矣。"我不在您这儿待了。我去哪儿呢？我到长安去，在那儿寻找机遇，像大雁一样，我就走了。最后一句："何王公大人之门，不可以弹长剑乎？"此处不留爷，自有留爷处。这就是他自荐信的结尾。

这个地方用了一个很重要的典故："何王公大人之门，不可以弹长剑乎？"春秋战国的时候，有一个很著名的人叫孟尝君，他有一个特点，喜欢养门客，号称养了三千门客，分了三等。有一次来了一个门客叫冯谖，穿得特别破烂，人看着也没精神，腰上系着草绳，草绳里面别了一把破剑，大家一看这么穷困。三等门客只是粗茶淡饭，冯谖连三等也没有。结果这个冯谖就天天在家里头弹这个宝剑，说宝剑宝剑回家吧，吃饭没有鱼肉。别人就跟孟尝君汇报。孟尝君说那就给他肉吃吧。就升到三等门客。他又弹宝剑，说宝剑宝剑回家吧，出门没有宝马车。孟尝君一听，要肉吃，又要车坐，说不定这个人还有点才华，升到二等门客。过两天又敲宝剑，说什么呢？说宝剑宝剑回家，母亲在家无人养。他出来做官，家里的老母亲没有人养。孟尝君一听，这个人可能是一个人物，给他一笔钱，派专人在家里伺候他老母亲，这下子他不弹了。不弹了以后怎么样呢？这个冯谖后来成为孟尝君最重要的谋士，为孟尝君图谋政治前途，为他设计了三个重要的位置。这就是"狡兔三窟"的来历。没有这个冯谖，孟尝君不可能成就他的政治功业。

所以，"何王公大人之门，不可以弹长剑乎？"哪个王公大人的门口我不能弹我的宝剑呢？李白用了这个典故。我们现在把它翻译成白话文，就是说"此处不留爷，自有留爷处"。你不欣赏我，自有人欣赏我。信写到这个地方就不像自荐信了，不是人家还没有说要不要你吗？一般是用人单位来决定你来不来。但是他是我先把这个丑话说在前头。这不是断了自己的路吗？所以我们觉得像李白这样的人思维有点不正常。不正常跟不寻常还是有很大的区别。

但是实际上，李白他不是一个不正常的人。我们就觉得很奇怪了，他为什么能够写这样的自荐信？前面我们说他的诗，"天生我材必有用，千金散尽还复来"，说到底，就是你们这帮臭官僚，老子才不伺候你们呢。你不是就是要来做官吗？那你为什么还要写这些让人不高兴的话呢？皇帝他都不放在眼里，这就很矛盾了。他的理想就是古人所说的"三年不鸣，一鸣惊人。三年不飞，一飞冲天"，而且他的目标就是一个：宰相！

既然你的目标这么大，这么直接，那你就老老实实去做好了。不！他不走寻常路，李白一生都没有参加过科举考试。那你能够走什么样的路线达到这样的目标呢？你难道就靠写这样的自荐信？我们觉得这种自荐信是南辕北辙，只能越走越远。后来我们发现一个秘密。采取这种行为方式的不只是李白一个人，我发现有一批人都是这种行为方式和思维方式。

唐代诗人的恃才傲物

我们讲诗，你要注意诗背后的故事。如果只是一个人的行为，是偶然的，表示他精神不正常。但是如果它是一代人，这个事情就比较复杂了。

所以我又引用《旧唐书·文苑传》，其中记载王勃作文写得很好，但是这个人有个特点，恃才傲物，为同僚所嫉。卢照邻，年十余岁，博学善属文。在唐代，一个人能够被录到官修的文苑里去，这一行字的评价，那是字斟句酌，字字千金。如果你六岁会写文章这件事情被作为重要的史料放在你的评传里面的话，那就不是一般的会写文章了，就是神童，跟我们现在十岁考上大学是同等级别。卢照邻是这样。杨炯，跟王勃、骆宾王、卢照邻等人齐名。杨炯听说之后，觉得很不高兴，觉得自己应在王勃的前面，排在卢照邻的前面觉得很惭愧。这是他的个性。骆宾王年轻的时候也很会写文章，很落魄，没有德性，后来赌博，做官因为贪赃所以罢了官。这四个人的共同特点就是有才，没有德行。这是当时的人给他们的评价。因为四个人很有才华，所以当时的吏部想选拔人才，说能不能提拔他们？但是一个知识分子想要做点大事，必然先要有气节、学识，然后才是才华。

王勃等人虽有文才，但是浮躁显露，他们难道是做官的材料吗？杨炯这个人性格比较沉静也许可以做个县长，其他的人都不得善终。这是当时的国家人事部的副部长给他们的评价。这个评价一语中的。王勃死的时候是24岁，卢照邻40岁的时候得了麻风病，骆宾王反对武则天，不知所终，只有杨炯后来做了一个县的县令，正常地死去。这说明什么呢？有才，但是无行，是当时文人的普遍特征。为了要说明这个问题，我们可以举两个典型的例子来说明李白的这种狂傲不是偶然。这代表了一代人的性格。

当时有一个人叫苏味道，他做什么官的？天官侍郎，相当于现在最高人民法院的副院长。他底下有一个小官，秘书叫杜审言。杜审言是谁？是杜甫的爷爷。也就是说在武则天时代，杜甫的爷爷杜审言曾经做过最高人民法院的副院长苏味道的秘书，负责给苏味道起草文件，起草发言稿。

有一天杜审言就为苏味道起草了一个文件，起草完了他出来对别人说："味道必死！"苏味道，苏院长死定了。别人很吃惊，问是什么原因？为什么他死定了？杜审言回答说："彼见吾判，且羞死。"他要是看见我给他写的文件，他羞愧而死。他没有什么才华，跟"我"差远了。"我"命不好给他当秘书，但是"我"写的东西他看了必然气死，羞死。你别忘了杜审言是什么人，他是武则天时代的大诗人。杜甫曾经有一句诗叫"诗是吾家事"，说写诗这种事，那是我们家传的本领。这是指谁？指他的爷爷，从他爷爷开始就有这个传统。

后来，这个杜审言得的病很重，他的朋友宋之问，还有当时的大文人武平一，都去看他，问他身体怎么样。杜审言又出语惊人："甚为造化小儿相苦，尚何言？"哎，别提了，老天爷不想让我活命，我病得很苦啊，没有什么好说的。"然吾在，久压公等。"可是我活着，你们就觉得很压抑，我太有才华了，老压制着你们。"今且死，固大慰"，现在我终于要死了，你们可以安慰了。"但恨不见替人"，可遗憾的是没人代替我的位置。我要再有一个代替我的人，继续压着你们。你说你要到医院去看这么一个同事，提着水果，拿着花，一进去，一看那儿，老王，最近怎么样？病好点了吧？嗨，病好什么呀？都快死的人了，再者说了，我活着你们不是看着添堵吗？我比你们可厉害多了。

你看了这个例子，是不是觉得李白刚才那还比较正常，他还比较文雅，比较有礼貌？我们说"此处不留爷，自有留爷处"，我们把它说得很通俗，但人家没有那样说啊，人家说得很雅，用了个典故说"何王公大人之门，不可以弹长剑乎？"没直说，对吧？挺有文采的。可是这个人，杜审言，就不太像样子。这还真不是小说里面写的，我这个材料都是有出处的，《新唐书·文苑传》。大家要知道研究唐史，别老看电视连续剧，那都没用，那都太不准确了。研究和了解唐朝的历史和文化，第一手的权威资料就是《唐书》。《唐书》有两本，一本是《旧唐书》，一本是《新唐书》。旧唐书是旧在哪儿呢？因为唐代刚灭亡，五代十国的时候人们修的唐书在前，所以叫《旧唐书》。

所谓《新唐书》，是到了北宋的时候，欧阳修领衔主编的。这个《新唐书》和《旧唐书》应该来说里面的错误也是比较多的，但是不管怎么说，它的真实性肯定比那个杂史野史强得多。这个故事里头总有一半是真的。可见当时这个事在知识分子界那也是传得比较远的，因为这事也太离奇了。这是杜审言。

还有王泠然，他写了一封信叫《与御史高昌宇书》。高昌宇是人名，御史就相当于现在最高人民检察院的公务员，也不是什么具体的官。王泠然和高昌宇是好朋友，王泠然考中进士很长时间做不了官。唐代的进士和宋代的进士不一样。宋代只要一考中进士马上就能够做官，有工资。唐代考中进士之后，还做不了官，为什么呢？得参加一个人事部的公务员考试，要是考不中你还当不了官。所以很多人考中进士以后，长期做不了官，非常郁闷，很着急，王泠然就很着急。

王泠然给朋友高昌宇写了封信，提了个要求。说什么呢？"望御史今年为仆索一妇，明年为仆留心一官。幸有余力，何惜些些！"我跟您说两件事，今年你给我找个老婆，明年呢，你给我找个官做。你那儿都是有能力的人，这些事对您来说都是小事一桩。这两个愿望是我一直以来的遗憾，我嘴上不说，您的恩情我在脑袋上顶着，"顶上相戴"。这不是都说得挺好吗？底下就不说人话了。"倘也贵人多忘，国士难期，使仆一朝出其不意，与君并肩台阁，侧眼相视，公始悔而谢仆，仆安能有色于君乎？"如果您贵人多忘事，没把这个事给我办了，如果有一天我出其不意，与您并肩在朝廷做官，那个时候我侧眼看着你，你那个时候非常后悔，跟我谢罪，我怎么能有好脸色给你看呢？

这是不是跟李白很像呢？是不是有过这么一类人？也许有人说康老师，你这个例子还不典型，为什么呢？这是两个朋友，甚至是两个老同学，喝酒的时候说的，这个事你得给我办了啊，不办我上你们家睡觉去，这不很正常吗？我们平时在生活当中也会这么说，朋友之间、老朋友之间说点过头的话也是可以理解的，但是下面这个情况就比较严重了。

这个人叫员半千，给皇上写了封信《陈情表》。他名义上是给唐高宗写的信，但是我们都知道，是他的夫人武则天在看。他说什么呢？简单地说，前面这个地方，他谦虚。他跟皇上说，你要是让我治理国家我就比不了后稷和契。这就好比说，你要让我打仗，我比不了李广。那这个标准就有问题，你实际上是把自己提得跟李广一样了。后面就不再谦虚了，说什么呢？你如果让我飞书走檄，我不输给枚皋；你要是让我七步写一篇文章，那曹植也不是我的对手。那前面不是假谦虚吗？所以我们领导干部一定要看信的后半部分，那是实质要求。

他说，我求您办一件事，你把这全国的读书人找来这么三五千人，让他们跟我一块儿比赛写文章，写什么文章？写六种不同的文章"诗、策、判、笺、表、论"，这是当时读书人考试必须要考的。诗，用来表达情感，看你的才华如何；策，策论，看你的政策水平；判是什么呢？法律文书；笺是什么呢？公文、公函，比方说宣传部给人事局要有一个公函，这是笺；表，写给皇帝的奏章；论，是政论文。这六种文体大家知道，要是写通了，写好了，就能考中进士，就能做官。"勒字数"，规定字数，"定一人在臣先，陛下斩臣头，粉臣骨，悬於都市，以谢天下才子。"只要有一个人超过我，您就把我头砍下来，您把我的骨头搓成粉，挂在城门上，向天下的才子认罪。

这听上去是给皇帝提意见，实际上是在要挟皇帝，意思说，您要是不收我，我身上的血能够溅到您的脸上去。下面还说了一句软话，

"望陛下收臣才，与臣官。"您就把我要了吧，给我个官做吧。您要是听了我的话，"一辞一句，敢呈于玉阶之前"。那我什么话都敢跟您说。但是一转脸又不说人话，"如弃臣微见"，您要不听我的这个合理化的建议，"烧诗书、焚笔砚"，我把我的书全烧了，不做学问了，"独坐幽岩"，我一个人坐到深山老林里，"看陛下召得何人，举得何士？"我看你能招来什么人，举得什么士？"无任郁结之至？"我们今天来的人，可能也有人做部门领导的，您要是拿到这封信，您要是还能够笑，要不就是您被气疯了，要不就是您真有雅量。

前面是同辈朋友之间还能够理解，但是大家要知道，这封信落在武则天手里，那是要掉脑袋的。但是我们有一个疑问，这个信写得这么露骨，让我们这些有修养的人听了以后都嘲笑他，这种书信怎么会保留到现在呢？难不成是武则天复印了好几份，存在国家档案馆，以便传之后世，还是他自己复印了几份，家传到现在？难道他知道是今天康震老师要讲，所以就留下来？显然不是。这里面有一个很深刻的问题：这两个人的命运如何？员半千，后来成为了专门为武则天起草诏书的凤阁舍人。我们知道在中国古代帮助皇帝起草诏书是非常重要的工作，这意味着他已经进入了国家的大政方针政策的核心层，他再往前走一步就是副宰相。

王泠然后来也做了御史。这就奇怪了，明明是两个疯子，皇帝还用他，尤其这个疯子，还要挟皇帝，无赖气都有了，武则天还用他来起草诏书，如果连这样的人皇帝都能用了，那李白就文雅得多了，那为什么不能用呢？肯定也能用。

员半千很狂啊！你知道员半千为什么叫员半千？半千是多少？五百啊！员半千上学的时候，他的老师王义方是当代大儒，王义方跟他说，你听着，黄河五百年一清，出圣人，我希望你能够做到圣人。员半千原来叫员余庆，听了以后热血沸腾，非常兴奋，回到家就把名字改了，叫员五百，员五百不好听，叫员半千。

武则天为什么要用这样的人来做自己起草诏书的凤阁舍人？这里面有一个很深刻的道理要清楚，大家注意，如果一个时代、一个社会连员半千这样的狂人，甚至在我们看来是半疯子都能够用，都能够发现这个人身上的那点优点和才华的话，还有什么人不能用呢？但是如果当时没有这么一批自信自恋到发狂的人，还会有盛唐气象吗？不会有，正是因为有一群这样的人，一代人都是这么自信，如此充满了信心，敢于挑战极限。为了要做官，虽然有一点下作，但是直接给皇帝写信说，你要是不招我，你就招不来人。这不是一个人的自信，也不是一代人的自信，是一个时代的自信。

所以说，"天生我材必有用，千金散尽还复来"，这是时代的声音。不是李白一个人的声音。再有，李白的前面有员半千，有初唐四杰，还有王泠然等很多人，从文化的基因上讲，他们把这种狂傲与自信遗传给了李白，李白用他的生花妙笔把它表达出来。所以这里面就说明一个很大的问题，就是什么是盛唐气象？我们现在总是认为唐朝，盛唐是中国古代历史上最自信、最璀璨的时代，但是大家要知道，这样一个时代的产生，是要建立在对所有人才的宽容的基础上。也就是说，时代的弹性可以大到这种程度，对于稍微有一点点才华的人，哪怕有天大的毛病，都可以容忍它。

唐朝跟宋朝不一样，宋朝是有祖训的，不许杀读书人，唐朝没有这个祖训。骆宾王，跟随徐敬业起兵反对武则天，写了一篇战斗的檄文，骂武则天，说她乱搞男女关系。武则天看了这篇文章却很高兴，说，写得太好了，太有才华了，骂人能够骂到这种境界。她反而责怪宰相，这样有才华的人，为什么到敌人那边去了，这样的人才怎么流

扬州讲坛

失了？要是为我所用的话，那能够为国家做多大的贡献？你想，她连敌人都能够容忍，一个把员半千写点激烈的话根本不在话下。所以盛唐时代，唐代的气象就是这么产生的。刚才我一念这些诗，大家都笑，认为这违反常规，但是有没有想过，如果我在唐朝说这个故事，没有人会笑，人家会把我当作笑话来看。这还能够好笑？这就是我们经常在干的。因为我们现在已经没有勇气，也没有这个才气去做这样的事情。

所以，我联想起来，张艺谋拍过一部《红高粱》。有的人说，这个片子拍给外国人看的，中国人哪会这样热情澎湃？这都不像中国人。你知道中国人怎样生活过？那也是曾经轰轰烈烈，敢爱，敢恨，说爱你当面也就说出来了，怎么爱你啊？爱得可深了。李商隐说得好，"春蚕到死丝方尽，蜡炬成灰泪始干"。爱你像春蚕一样吐出最后一根丝，我才停止了对你的爱。后来这两句诗用在人民教师身上也挺好。但是最初是形容一种刻骨铭心的爱，这样一种暴露的，不加掩饰的诉说我们的爱情，我们现在写不出来了。

所以唐诗是什么呢？我们很吃惊地发现，它是我们祖先的情感记忆。在唐诗里面，埋藏了很多，祖先曾经生活、曾经工作、曾经表达他们情感的方式，让我们知道，我们就是从唐朝人，宋朝人，明清的人一代代到现在，但是我们现在要回去，重新梦回唐朝是多么困难？我们还能够像李白这样浪漫吗？像这样敢爱敢恨吗？恐怕很困难。我们变得比较中庸了。所以唐诗我们念的时候，为什么我刚才说，常读常新呢？因为它里面蕴藏着一个时代、一个民族的活力，每一次阅读都是一次燃烧，每一次阅读都是一次重新活过。所以唐诗能够给我们带来这样非常丰富而精彩的人生。

安史之乱带来的转变

刚才讲的是唐代诗人里面很自信、很孤傲、非常有神采的一面。但是这里面有很大的问题，什么问题呢？就是一个国家，一个民族，当然是需要这样一批精英的，他们爱惜自己，认为自己有无边的才华，认为自己能够成为这个时代的精英。但是你要知道，鹰在高空飞翔的时候，对地表的猎物看得很清楚，但是对猎物以外的东西都不是很关注。

就像李白，他一生活了65岁，你很少看到他写反映普通民众的事。李白一生打交道两个原则，第一，他看得起；第二，对他有用。如果你不在这两种人里面，对不起，那简单地握握手，喝杯茶就过去了。我们知道一首诗很有名，《赠汪伦》。汪伦何许人也？桃花潭村村民。大家就说，哎呀，李白真行，对一个村民写下如此情深意重的诗。正好前段时间我到桃花潭村去了一趟，这个村子还比较偏僻，去了以后，我们查汪伦的家谱、族谱，我们很吃惊地发现，他确实是一个村民，但是他显然不是一个一般的村民。汪伦往前数四代的祖先叫汪华。汪华是何许人也？唐太宗定天下的时候，汪华是割地的军阀，唐太宗平定皖南之后，汪华就地管理他的范围。我们知道汪华就是歙州的总管。我们还查到一些材料，这个汪伦不仅对李白很有情谊，还送了很多东西，给李白送了八匹名马，大家知道，好马千金裘，这是被李白用来比喻，他没有钱了，但是他有珍贵的物品，能够换来名酒。在唐代一匹名马能够换一万钱，他送了李白八匹，这个村民不是一般的村民。所以我们推断汪伦在当地，至少是一个大地主，也许还是一个武装地主。总而言之，李白找汪伦不是去叙旧的。

我为什么讲这个桥段呢？像李白，像当时我前面讲过的这些诗人，他们的活动、行为方式在很大的程度上是局限在一个很高的圈子里面。你翻李白的诗里，不是写给王公贵族的就是写给达官贵人的，他到一个地方首先拜访的是当地的市长。然后当地的市长再把他介绍给县令，再介绍给村长，然后他才到桃花潭村找到汪伦。这是因为要做官就得走上层路线。初唐、盛唐这批诗人眼睛总是往上看的，而且没有往脚底下看，不看脚底下是要摔跤的。李白跟杜甫有很大的不同，两个人都朝山上走，李白昂头走，看到的都是蓝天白云，杜甫都是低着头走。那么能促进他们把头从天上转到地上的就是安史之乱。

诗圣杜甫："安得广厦千万间"

我刚才讲到唐代的人口最多的时候达到五千多万人。八年的安史之乱结束以后，唐代的人口锐减到不到一千六百万。安史之乱进行到最艰苦的时候，我们知道杜甫写过"三吏""三别"，写什么地方呢？河南和陕西交界，有一个地方叫相州，郭子仪率领九个节度使的大军，和安禄山的军队进行决战，还没有开始对决，突然狂风大作，两边的军队没有办法打仗了，这一场大风过去，给双方的军队都造成很大的损失。"三吏""三别"就写这个时候。当时的物价达到什么程度？一斗米是十钱到二十钱，到安史之乱的时候，相州之战时，一斗米七万钱，一只老鼠四千文。你别嫌弃恶心，你还吃不着呢。

军队没有粮食怎么办呢？到农村去把房子推倒。我们知道古代，包括现在很多偏远的农村，那个房子是土坯房。土坯光靠泥巴是和不起来的，里面得掺上麦秸秆！就把那个庄稼的麦秆弄碎了，像和水泥一样和起来。军队没吃的，把这个墙推倒了，拿水泼上去，把麦秸秆从里面拿出来，放在锅里面煮着吃。这还不是最惨的。最惨的情况是什么呢？吃人。安禄山的军队也没有饭吃，也吃人。

社会经济已经崩溃了。这么巨大的社会灾难，社会的财富极大损耗，人民的生活水平急剧下降。这个时候你再说"天生我材必有用，千金散尽还复来"就没有基础了，你什么都没有了，逼着知识分子的眼睛朝下看。我们知道，"朱门酒肉臭，路有冻死骨"，是杜甫写的两句反对阶级对立的诗，其实这个诗没有这么简单。大家知道杜甫这个人太可爱了。为什么呢？一辈子做官就没有超过八品，我们说七品就是个芝麻官，他八品还没有超过。一个月两千文，买什么呀？人家七万一斗米，他两千文，什么都买不起。他只能在长安做官，把他的妻儿老小放在乡下。所以他到放假的时候就回乡下看他的老婆孩子。

这一年还是如此，到郊县去看他的老婆孩子，路过骊山的华清宫，听到里面歌舞升平，很有感触，就写了这首诗，前段就是"朱门酒肉臭，路有冻死骨"。但是后半段更惨，"入门闻号啕，幼子饥已卒"，一到家，听到自己家里面在哭，原来自己最小的孩子已经饿死。他很惭愧，连儿子都养不活，"所愧为人父，无食致夭折"。我非常惭愧，作为一个父亲，我养不活我的儿子。为什么饿死呢？"岂知秋未登，贫窭有仓卒"。因为今年秋天没收成，现在是青黄不接的时候，家里一点粮食都没有。这是很沉痛的。

古人说，"不孝有三，无后为大"。古代生活水平很低，生育率也很低。家里能养一个孩子是很大的事情，因为没有饭吃所以饿死。在这种情况下，杜甫讲了一句很重要的话，说："生常免租税，名不隶征伐。"我们家饿死孩子了，但是我现在的情况是：第一，不用缴纳个人所得税，我赚的每一分钱都是我自己的，但是农民要缴农业税；第二，我个人不用服兵役，但是农民要服兵役，而且唐代的农民服兵役，兵器盔甲都是自己准备的；第三，我不用到农闲的时候修什么农田水利建设，不用去修什么宫殿，服徭役我也不用。他说，像我这样的人不用打仗，不用交租，不用缴个人所得税，我们家都饿死人了，一般老百姓家里都饿死多少人啊？

所以杜甫这个人他跟一般人的想法不一样，他自己家里面饿死了孩子，但他还想到了比他家更穷困的人。为什么人家叫他诗圣？因为他这就是圣人的境界。什么是圣人？看上去是平常人，有着平常人达不到的思想境界。他说，"默思失业徒，因念远戍卒！忧端齐终南，澒洞不可掇。"想到那些没有工作的人，想到在边关戍守边防的士兵，我的忧患像钟南山一样高，不能断绝。这是诗圣的开始。杜甫自己并没有想过要当什么圣人，他这是自发的，看到了穷苦的人有了一种同情心，有了一种恻隐之心，有了一种不忍之心，看见可怜人他就想去可怜他，想帮助他。

时代剧变之后的现实主义情怀

从杜甫这儿开始，中国的文人发生了一个转变，原来一切是以个人为中心，以实现个人的理想为目标，但是现在不一样了，时代的剧变要求知识分子必须担负起以天下为己任的责任。你不能只做一个个人的理想主义者。你还要做一个有着强烈的责任心的现实主义者。所以我们说，杜甫是"诗圣"。他圣在哪儿呢？他不是宰相，他不是皇帝，他不是太守，他也不是市长，但是他操的心比这些人还要多，他是一个自觉的道德主义者。就是说，整个在安史之乱的过程当中，出现了像杜甫这样一个以天下为己任的知识分子的形象。这是中国知识分子、读书人精神方面的一个转变。

刚才说他自己家里遭了难，他会有这样的思考，所以我们就不奇怪，他在《茅屋为秋风所破歌》里说的绝对不是假话。哪怕我死了，只要天下人能得安逸，我不后悔。我们知道孟子有两句话叫"老吾老以及人之老，幼吾幼以及人之幼"。我孝敬我的老人，我把这种孝心推广到别的老人身上，我爱护自己的孩子，我把这个爱心推广到别的孩子身上去。但是你知道孟子讲的前提是什么？是首先要孝敬好自己的老人，首先要爱护好自己的孩子。而杜甫的家里面，恰恰情况是他自己过得很差，他的孩子饿死了，但是他依然能想到比他活得更差的人。我认为这种情操超过了孟子，因为他没有困顿如杜甫。

宋代以后，凡是大文人一般都是大官，欧阳修、苏轼、秦观，都是大官。像杜甫这样的大文人还是小官的情况非常少见，所以杜甫的例子是独一无二的，诗圣也是独一无二的。跟杜甫的这首诗《茅屋为秋风所破歌》形成鲜明对照的是白居易的诗。我们知道白居易也在扬州待过，他以杜甫的继承者自居，写过一首诗《新制布裘》："桂布白似雪，吴绵软于云。"我刚缝了一床被子，特别地漂亮，漂亮到什么程度？这被面用的是广西产的布，白色的，像雪一样，里面絮的棉花特别软，像云彩一样。"布重绵且厚，为裘有余温"，这么好的被子，又厚又大又重，盖在身上保暖性很高。"朝拥坐至暮，夜覆眠达晨"，早上抱着被子一直坐到晚上在床上不动弹，晚上盖着这样的被子睡觉，一觉睡到大天亮。"谁知严冬月，支体暖如春"。

白居易多有钱啊，他自己在诗里面说，月俸四五万。前面这八句都是说这个被子好，被子暖和。有一天半夜里，突然良心发现，"中夕忽有念，抚裘起逡巡"，半夜三更忽然醒来，有想法，摸着被子在屋里来回转，"丈夫贵兼济，岂独善一身"，大丈夫要兼济天下，怎么能独善其身呢？他想了个办法，"安得万里裘，盖裹周四垠？"什么时候能够有一万里大的被子，这首诗写在洛阳，把整个洛阳城全部盖起来，"温暖皆如我，天下无寒人"。都像我一样温暖，再也没有受苦受冻的人了。

这首诗写得也很好。但是跟杜甫的《茅屋为秋风所破歌》这首诗比起来，还缺一点。这首诗给人一个突出的感觉是，一个非常温暖幸福的人，看到窗外积雪，就感觉到，要是多些被子，大家都能盖上多好。而杜甫是站在雪地里，如果我冻死了，能够换来大家的温暖，就知足了。这个境界为什么有高下之分？就是因为社会地位不同。白居易一生都生活在中高层阶段，他没有也从来不可能真正体察到底层人的生活。他能够有这样的姿态都已经谢天谢地了。而杜甫呢？穷困到极点的时候，上山去挖山药，穿着短裤，想把那个短裤拉成长的，但是你知道短裤再拉也拉不长的。短裤怎么能够拉成长呢？长裤可以减成短裤。所以他一边挖山药一边拉那个短裤，但是就是遮不起来。

《茅屋为秋风所破歌》还是写在杜甫最幸福的一段生活的时候。杜甫到成都去投靠他的同学，他同学官做得很大，相当于西南的军政主席，给他盖了一个草堂。所以我们说诗圣的产生不是平白无故的，艰苦的生活促使人在思考，为什么过得这么苦？怎么样才能不苦？白居易想的是什么呢？我生活得很好，怎么样让他们生活得跟我一样好？但是你要说改变我的生活那不行。所以，正像杜甫这样的人可以做改革者，而白居易这样的人只能够做改良者，这就是文人和文人之间的重大差别。

关注小家庭和小人物的悲欢

杜甫首先在人格方面形成中国知识分子的一个转折。而杜甫作为诗圣，第一，关注民生；第二，在自己的家庭生活内部，他体现出来的那种情感的深度，也是他作为诗圣的一个很重要的象征。在这一点上，他跟李白也有一个重大的区别。李白善于写什么感情呢？我的命运这么惨，大道如青天一样广阔，就是没有我的路。他不倒霉的时候呢？我昂头大笑，走出青天去，跟你们就不是一个屋里人。他太自信了，很多人从他眼前走过，他都不放在眼睛里。

很多人说李白跟杜甫是好朋友，但杜甫比李白小 11 岁。杜甫见到李白的时候，李白是 43 岁，刚刚离开长安，是皇帝身边的翰林学士，名满天下，声振京师，是大诗人。杜甫呢？文学青年，30 刚出头，他们两人的见面在地位上就不同，在创作的成就上也不可同日而语。杜甫一见李白如见青天，崇拜死了。杜甫一生写了 20 首诗，忆李白、念李白。李白写到关于杜甫的诗就四首。他们俩关系还是不错的。这里面就牵扯到我刚才讲的一个问题，他们俩关注的问题的中心不同，杜甫比较善于关注细微的变化，而且在这个变化当中，我们能够感受到时代的声音。李白是在鸿篇巨制当中感到时代的振动。李白写的一首诗，海水都为之波动，但是杜甫在细微的地方写出来之后，能够感动后代上千年。

比如杜甫的《月夜》，这首诗是写给他老婆的。杜甫的老婆姓杨，他一辈子就这一个老婆。在唐代，纳妾是很正常的事情。李白一生就结过两次婚，还有两次非正常的婚姻。但是杜甫的一生当中，这个老婆对他很重要，跟他颠沛流离，吃尽了苦头，他的诗里面他的夫人出现是老妻、瘦妻，从来没有鲜亮过。他生活就没有鲜亮，他老婆怎么能够鲜亮呢？安史之乱之后，别人都是往长安城外跑，杜甫是往里面跑，他要找到皇帝，要替皇帝分忧，结果忧没有分成，被安禄山抓起来之后软禁在长安。他的妻儿在延安，西安在关中，延安在北部，他在监狱里面想念他的老婆、孩子，就写了《月夜》。他的写法很奇妙："今夜鄜州月，闺中只独看。"他在想象他的夫人在想什么，今天晚上鄜州的月亮，我的夫人只能一个人看它。闺中说的是女人的房间。"遥怜小儿女，未解忆长安"，我只可怜我那还小的儿子和女儿，他们并不了解他们的母亲看着月亮在想什么，在想念他们的父亲，她的丈夫。

　　下面两句说："香雾云鬟湿，清辉玉臂寒。"杜甫写他的夫人，只有在这首诗里面是绝无仅有的，两句写他夫人非常的美丽和艳丽，说什么呢？说他夫人乌发像云一样厚重，笼罩着香喷喷的雾气，夫人的胳膊在月光的照耀下，发出像玉石一样的清冷的光辉，感觉像是玉观音一样，非常的庄严、美丽、圣洁。为什么这么写呢？因为太想念了，太思念了，所以在想象中，月光下的他的妻子，就变成了理想中的一个美女，用这样的一种写法来寄托自己的相思。他们两人分开了有一年多。最后一句写得很好："何时倚虚幌，双照泪痕干。"杜甫在长安想象，什么时候咱们夫妻俩还能见面，见面的时候，靠在窗帷子边上，让月光照干我们脸上的泪水。现在我们远隔千里，不能见面。我想象你现在在房间里一个人看月亮，我想象我们的子女不了解他们的母亲为什么对月伤心，我想象我的夫人在月光下非常的圣洁而美丽，我想象总有一天我们两个会在烛光下相会。

　　这样的中秋月夜不是团聚的月夜，是痛苦的思念的月夜，但是由于诗人写得非常深情，所以这个中秋的夜晚也变得特别的多情。这是伟大的艺术家给一个痛苦的中秋节所赋予的深情。

与《月夜》正好形成鲜明对照的就是《羌村》这首诗。杜甫在长安被关了一年，他官太小，人家看他就不紧，他乘春夏之交，草长高了，就逃跑了，跑回羌村。这首诗就是写他回到羌村之后，看到老婆、孩子的一刹那的情景。他不但会写"三吏""三别"的题材，他也善于写在动乱当中的小人物、小家庭的内心感情，这是小的历史，但是是活的历史。他说，"峥嵘赤云西，日脚下平地"，夕阳西下的时候我回到了家。"柴门鸟雀噪，归客千里至"，门口有很多的鸟雀，他一回来都在叫，为什么呢？不认识他。你注意，这里写得非常痛苦和矛盾，"归客千里至"，他不是客，他是一家之主啊，他怎么能是客呢？但由于一年多不在家，所以变成客。"妻孥怪我在，惊定还拭泪"，老婆孩子一看，你怎么回来了？你还活着啊！"怪我在"。惊定之后，马上放声痛哭。杜甫他为什么是伟大的艺术家？他这个诗写得很短，但是他的细节写得非常好，他全部用动词来表现。他刚开始很奇怪，很错愕，突然地马上眼泪掉下来了，这绝对可以作为剧本，演员演的时候根本不用导演去导了，恰恰说明诗人的功力所在，他细节的描写达到了入微的境界。

　　"世乱遭飘荡，生还偶然遂"，这个世道太乱，战争太多了，我活着回来纯属偶然，无怪乎"怪我在"。他们夫妻俩一见面，在院子里面就掉眼泪了，很伤心。我们知道陕北的农村，它这个院子不像咱们北方，或像苏州园林这样高门大院。它那个围墙都很矮，一个成年人扒在那儿刚好能露出个脑袋。"邻人满墙头，感叹亦唏嘘"，他们家掌柜的回来了，这一年多都没见了，听说还活着回来了，村子里的人都站在他们的院墙外，都站满了，跟着感叹，跟着哭泣。为什么跟着哭泣呢？因为有很多人家的男人永远再也没有回来了。原来说我们什么时候能够看到对方，现在看到对方了，却像是在做梦。

这个感觉很细腻，就是在细微之处见时代的精神。如果我们看到的都是巨大的历史风云，像李白的诗，这样宏大的历史事件写过去之后，当然能够使我们感受历史的心声，但是我们对历史的细节缺乏了解。现在我们更希望关心的是小人物，在巨大的历史变动底下他们是怎样思考生活的。

杜甫的伟大是什么？他是盛唐里面唯一一个如此细微的描写小人物和小家庭的悲欢离合。他那首《北征》改编成为电视剧都不为过。刚才，我们选择的这几首诗，都挺有讲究的。你看，《月夜》是他被抓在长安，他的夫人和孩子在鄜州，他想念；《羌村》是他回家之后的情景；而这首《北征》是他在家里回顾自己从长安逃回到了鄜州的事情。写得细到什么程度啊？真的像写小说一样。

"经年至茅屋，妻子衣百结"，他写的是一年多我们又见面了，但是实际上我们知道，从长安到延安，是要走的。没有火车，没有飞机，也没有船只，就是走，所以这个条件非常苦。他看到妻子身上的衣服有一百个结。有两种解释，一个是这个衣服上到处都是洞，她破一个洞就把这个地方系起来，一百结，这是一种解释。第二种解释是衣服太破了，身上褶皱很多，皱皱巴巴看上去好像浑身打了结一样，总而言之是没有办法看。老婆是这样。"平生所娇儿，颜色白胜雪"，他平时最喜欢的这个儿子啊，脸上看上去像雪一样的白，不是因为他白净，而是没有血液的白，贫血。为什么这样讲呢？"见耶背面啼，垢腻脚不袜"，唐朝人管父亲叫耶，为什么转过脸去哭呢？脚太脏了，没有袜子穿。

"床前两小女，补绽才过膝"，"床"不是指睡的那个床。我们知道李白有一首诗："床前明月光，疑是地上霜。举头望明月，低头思故乡。"这诗有人说，床就是我们现在睡的那个床，那就不对了。为什么呢？这要真是那个床的话，李白就忙不过来了。月光照在他们家床上，床前明月光，然后再把脖子探到窗户外面，疑是地上霜，可是你要知道，既然是晚上写的诗，月光照在屋子里面，怎么会疑是地上霜呢？月光肯定是落在外面才疑是地上霜，所以这个床不是睡的那个床，指的是什么呢？指的是水井边的栏杆。为什么说床前明月光呢？因为有水井的地方就有人家，看见这个水井，李白想起了故乡。所有的情景都发生在院子里面。这个也是"床"，这儿指的不是井栏，指的是什么呢？指的是板凳。

为什么是"床前两小女"呢？他这两个闺女，个子长得不高，跟这个板凳、椅子差不多，"床前两小女，补绽才过膝"，人不大，补丁已经过了膝盖了，那就是整个这个腿上，这个裤子基本上就是补丁补起来的。后面他说："海图坼波涛，旧绣移曲折。天吴及紫凤，颠倒在短褐。"什么意思？唐代的官服是要自己出钱来缝的。我们知道官服身上有什么呢？绣的什么鸟啊，仙鹤啊，波浪啊，对不对？他们家穷的，连缝补丁的那个布都没有，怎么办呢？就把这个官服剪了，用官服的布来当补丁布补那个衣裳。那不乱了套了吗？仙鹤的嘴巴剪下来弄在腿上，海浪的东西弄在肩膀上，浑身上下都是鸟嘴、鸟身子、鸟腿，全部搞了一身，但是肯定不规则。

这是他刚到家，一家人都很狼狈。但是你别忘了，杜甫写这个可不是为了诉苦，小家庭也有小家庭的快乐，穷人也有穷人的快乐。为什么呢？杜甫回到家说："粉黛亦解包，衾裯稍罗列。"我们穷是穷，我们该买的东西我们都买，"粉黛亦解包"回到家的时候，带了一个大包裹，一打开，给老婆买的化妆品，"粉黛"，还买了什么呢？被面、床帏子，家用品都买了。涂了化妆品之后，"瘦妻面复光"，脸上开始放光。这个闺女小，她不懂事，她就怎么样呢？"头自栉"，她学她的母亲拿个梳子自己开始梳头。"学母无不为，晓妆随手抹"，学习她的母亲把口红拿过来涂一下，把那个画眉毛的涂一下，"晓妆随手抹"，抹得一塌糊涂，"狼藉画眉阔"，把眉毛画得特别的粗，脸上画得乱七八糟。父亲的归来，丈夫的归来，虽然只带了这么点可怜的东西，但是在那种苦难的时代下，这个家庭都已经享受到了应有的天伦之乐。

你看前面那段是写他们很惨，这段是写，我们再穷，我们这个家庭还是完整的，我们有自己的天伦之乐。虽然只是一点点小的快乐，但是已经满足了。就是说，在历史的大动荡，大动乱当中，这样破败的摇摇欲坠的小家庭，因为一点粉黛，一点床单也能高兴。但是这样的高兴，是含着眼泪的高兴。"生还对童稚，似欲忘饥渴"，我现在活着回来，看着孩子这么高兴，我忘掉了饥饿和干渴。不光是杜甫一家人，当时一定还有千千万万的家庭，之所以还没有破裂，之所以在动乱当中还能够保全性命，一方面是运气，另外一方面，这些普通人还在保持着一个家庭的小小的快乐。正是这个小小的快乐，也许能够帮助他们度过最艰难的时光。

杜甫的一个很重大的贡献就是，他把这种微小的快乐都捕捉到了，写到自己的诗里面。这诗叫什么？史诗。史诗不光是记载重大历史变迁，也记载重大历史变迁中的细微的人心变化。他回来了，孩子这么闹，这么淘气，"问事竟挽须，谁能即嗔喝？"他没有回来一年多了，他的孩子抓着他的胡子，问他外面有什么见闻。孩子这么可爱，又这么可怜，他自己是满腹的心事。什么心事呢？他在想，这些贼人，这些安史的叛军什么时候能够平定，他脑子里在想这个事情，他的孩子不懂事，在抓他的头发、胡子，问一些不相干的问题，但是他又不忍心呵斥他的孩子，忍着耳边的吵闹。所以他把那种小家庭的那种快乐，那种复杂的心情，以及对时代动乱的忧患全部集中起来。如果不是杜甫这样的大手笔，很难把小家庭和大时代，全部集中在这样一个很小的空间里面。你要知道这是五言诗，这不是在写小说。所以为什么说，后代的文人，他们对于杜甫的评价往往比对于李白的评价要高。因为李白大多数情况下在歌唱自己，而杜甫不仅歌唱自己，他也在默默地记录身边的小事和小人物。通过这样的记录，来展现大时代的画卷。

李白是天上飞的诗仙，而杜甫是深入土地和民众当中的诗圣。这个神仙和圣人，区别还是比较大的。所以我们说，我们通过阅读李白和杜甫，这两个唐代的诗人当中的代表人物，我们能够很鲜明地感觉到一个特点，就是任何一个时代，都有自己的歌手。这些歌手有个共同的特点，都能领时代的风气，这个时代在变化，它能很快地捕捉到这个时代发生的变化，并且用最杰出的艺术形式把它表现出来。李白就是这样的人。他的代表作就是"天生我材必有用"，一个时代如果没有"天生我材必有用"的这种自信，这个时代没有希望。

但是如果一个时代只有这样的理想主义，而没有"安得广厦千万间"的现实的关怀精神，那么这个时代也没有发展基础。所以我们发现，从李白，到杜甫，中国唐代的知识分子走过了一个很漫长的历程，这个历程就是，从最初的高标猛劲的理想主义，到后面的关怀民生，他们实际上都是这个时代的骄子，只是他们对于时代的反映，对于时代的表现，表达的侧重各有不同。正因为这样，他们诗篇、思想、言行才能够流传千古，才能够成为我们这个民族的历史和情感的记忆。

所以我一开始讲，我们读唐诗，就好比看到很小的 U 盘一样。它很小，"天生我材必有用"，七个字，但是你把这七个字插到电脑里，一打开，发现里面有一篇宏伟的画卷，要解读这宏伟的画卷需要几代人的努力。因为千言万语不是三言两语能够道尽的，我们只能是选择李白、杜甫这两个唐代最伟大的诗人来进行最典型的点评，但是要推测到他们背后的那个群体，王维、白居易、李商隐，每个人都是一部历史。正是这许多个杰出的历史，才构成了一部大唐的历史。唐诗就因此成为大唐历史精神的象征。

余光中

当代著名诗人，在诗歌、散文、评论、翻译等领域均有建树。至今驰骋文坛已逾半个世纪，涉猎广泛，被誉为"艺术上的多妻主义者"。主要作品有《乡愁》《余光中经典》《传说》等，在台湾与海外及祖国大陆文学界享有盛誉。

诗与音乐

余光中

我今年已经 80 岁。我是 80 年前的重九生在南京，所以我说我比你们早来南京，不是你们欢迎我，是我欢迎你们。

扬州不用说了，历史悠久，不单是文化古都，也是经济的大市，配合着经济的优秀条件，配合运河的地理形势，文化就必然这么发达。所以我们读小说也好，读诗词也好，都提到扬州。有"腰缠十万贯，骑鹤下扬州"，还有"春风十里下扬州"等说法。所以我不敢跟扬州人大谈文化，诗与音乐当然也是文化的重要一部分，今天我跟大家提出来讨论讨论。

诗兼有绘画与音乐之长

诗是一种艺术，音乐也是一种艺术。诗是文字的艺术，音乐呢？音乐是一种如何分配时间的艺术。诗把时间分割成长长短短的片断，形成了韵律，形成了篇章。对我说来，这几种相关的艺术，文字的艺术——诗，空间的艺术——绘画，时间的艺术——音乐，这三者在我心中构成了一个三角的关系。诗，一般是排在顶点。因为诗跟音乐一样是时间的艺术，同时跟绘画一样是空间的艺术。因此诗是种综合的艺术，它兼有音乐的时间安排，同时也有着绘画的空间安排。

为什么这么说呢？我们念杜牧的诗："青山隐隐水迢迢，秋尽江南草未凋。二十四桥明月夜，玉人何处教吹箫。"我们先看到远景，再把这个远景拉近。有二十四桥，有一个画面、场景，诗不可能没有一个具体的空间。绘画也是这样，绘画有二维的空间，长宽；也有三维的空间，远近、阴暗通透等等。可是在另外一方面，诗歌与音乐有关系。因为你要欣赏一首歌，或者很长的交响曲、古筝曲如《平沙落雁》，你不能从中间听起，或者倒过来听，它有一定的时间顺序。诗也是这样。但是我们欣赏一幅画就不见得了。比如说中国的绘画，或者是西洋的画比如梵高的《向日葵》。我们看到一幅画是刹那之间，全部也看见，局部也看见，它整体就在我们面前，全部展现。不能说这个画从左边看起，或者从右边看起。可是我们听音乐的时候不是全部听的，是循序而进，第一章、第二章，有一个时序，诗也是如此。所以诗跟绘画一样有空间艺术，又跟音乐一样有时间艺术。

又比如柳宗元的《江雪》："千山鸟飞绝，万径人踪灭。孤舟蓑笠翁，独钓寒江雪。"这个画面很有意思。我们读柳宗元的诗是从千山、万径，然后孤舟、蓑笠翁这样一路进去。从绝大的空间，茫茫的空间，千山、万径慢慢缩小到一点，独钓定于一点，等到寒江雪又回到茫茫的空间去了。所以这是从广阔的空间，缩小然后又放大，空间有转换。可是我们看王维的水墨画中表现的柳宗元的诗境，画面大概不可能有千山，最多两三个山头意思一下。也绝对画不出万径来，这就是诗歌与绘画基本上的不同。同时我们也不会乖乖地顺着柳宗元的诗的顺序来看王维的画，先看看千山，再看看万径，然后发现当中有个孤舟，舟上还有个蓑笠翁。我们一眼就会看到焦点，茫茫背景，一眼看到孤舟蓑笠翁在钓寒江。我们看画是没有顺序的，是先看整幅还是先看某个局部，这个不可能来规定。我们读诗是有个时间顺序，看画则不一定。所以诗与画面相通，但是又不完全是一回事。

我们再举个西洋的例子。文艺复兴的几个大画家之一，多才多艺的米开朗基罗，他在有名的西斯廷教堂画顶画，也就是穹顶画，叫《创世纪》。他画得很壮阔，这个画面非常纷繁、富丽。可是我们去看的时候是怎样的看法呢？看画的人一眼看上去全部都看见了，然后我们很自然地去找一个焦点，于是我们就看到这个上帝在天使簇拥之下飞过来，亚当还没有完全得到生命，半坐半跪在那里，手指是垂下来的。所以我们的焦点就在那个神与人的手指交会的地方。但是我们读一首诗不是第一行就是焦点，音乐也是这样。

总而言之，诗有画面，有场景；有节奏，也有旋律。所以诗是兼有绘画与音乐之长，成为这个三角形的顶点。

中国的诗与乐

我接下来谈谈诗与音乐的关系。先说中国，诗跟音乐的关系。我们中国诗最早的是《诗经》，了不起的风雅颂。诗怎么来的呢？西洋诗往往是客观而记事。一开始的史诗，记载英雄开国的事迹，或者是纪事诗。可是中国开始的时候，《毛诗序》所说的是抒情诗。"情动于中而行于言。言之不足，故嗟叹之，嗟叹之不足，故咏歌之。"这就是音乐。"咏歌之不足，不知手之舞之，足之蹈之也。"我们光说不足以表达情感，然后就唱起来，唱起来不够就用肢体来表现。《毛诗序》里说的过程，就包括语言、诗、音乐、肢体语言，摇滚乐都在里面了，手舞足蹈不是摇滚乐吗？像猫王，唱起来全身抖动，尤其是那个膝盖。《诗经》里早就把这个道理说得很清楚了。

我们看中国悠久的历史文化，历史事件非常之多。历史如果没有诗，英雄人物就显得寂寞。最好的例子，就是大英雄刘邦和项羽。刘邦不是古诗人，他不喜欢古诗，项羽也是如此。可是英雄末路，项羽到了垓下，突然听到四面楚歌，心有所感，"力拔山兮气盖世，时不利兮骓不逝。骓不逝兮可奈何！"项羽怎么成了诗人了？再说到刘邦，他胜利后回到故乡沛县，突然感到很寂寞了，他的敌人不在了，于是击鼓而歌《大风歌》："大风起兮云飞扬。威加海内兮归故乡。安得猛士兮守四方！"所以你看这两个大英雄，真正感情澎湃的时候突然就变成诗人了。历史上的英雄如果跟诗没有关系、跟音乐没有关系，恐怕很难流传得很远。这种例子太多了。

这是讲英雄。儿女私情呢？也可以用诗来表现，用音乐来配合。

我们很快就想到南宋的姜夔。他曾把一个歌妓带回家去，写了首七绝《过垂虹》："自作新词韵最娇，小红低唱我吹箫。曲终过尽松陵路，回首烟波十四桥。"这是说儿女情长，内心满是得意。

所以中国的诗的发展，从《诗经》到《楚辞》，到古风、晋曲，这一路发展下来，都可以看出诗与歌的密切的关系。同时，诗与乐曲的名字往往也是相通的，歌可以是音乐，也可以是诗，比如《长恨歌》。"曲"也可以是诗，还有"行""引"。不是我们日常所讲的说到诗，歌就来了；古人也可以倒过来，歌诗，比如说《李长吉歌诗》。

西洋的诗与乐

西洋的传统，无论是文化还是艺术，都应该是从希腊开始，然后古罗马、罗马帝国、传到西欧。拉丁文，本来是方言，后来成为英文、法文、西班牙文、意大利文等。希腊文很有意思，他有很多神，其中有一个大神很重要，叫作阿波罗。阿波罗掌管诗，是诗神。还有音乐之神，他又是太阳神，他又是青春之神，一个神管这四样东西，他们都是相通的。诗跟音乐本来就是青春的，跟太阳、光明的有关系。希腊人一方面很理想，有这么一个大神掌管这四样美丽的东西；但是另一方面他们又很务实，觉得这个太阳神阿波罗身兼数职忙不过来，于是就发明了一些小神叫作缪斯（Muse）。这是九个美丽的姐妹，有的掌管历史，有的掌管天文，当然很多是掌管抒情诗、爱情诗、史诗等。Muse 这个词很重要，叫作文艺女神，掌管文学与艺术。文艺女神本来跟诗是有关系的，后来从这个字稍微变化了一下，叫作Music，由缪斯变成音乐。再加长一点，Museum，就是博物馆了。短短的是文学，长一点是音乐，再长一点是博物馆。

同时西洋的诗不单是英文，其他的法文、德文、意大利文，读音也差不多，念法也差不多。抒情诗叫作 Lyric，这个词怎么来的呢？原来抒情诗女神埃拉托（Erato）抱的是竖琴（Lyre），这个后面加一个形容词的 c 的后缀就变成 Lyric。希腊除了掌管音乐的大神阿波罗，以及几个小的姐妹缪斯之外，还有处于神人之间的神之子。在神人之间的一个伟大的音乐家叫作奥菲斯（Orpheus），这个人是诗人，也是音乐家。他的新娘被毒蛇所咬，死掉了。这个奥菲斯非常伤心，就弹他的弦琴到地狱里去向冥王讨新娘的命。进入地域之后，冥王一听这个音乐受不了，太感动人了，鬼魂也受不了。好吧，你把你的新娘给带走，但是你们走的时候，你走前面，你的新娘走后面，你不能回头，要过了阴阳界才可以回头看你的爱妻。两个人就走了，这个奥菲斯走在前面，实在忍不住了，回头看了一下，还没有过阴阳界，爱妻又回到了冥王界。真是非常的遗憾。

西洋的诗包括英文的诗，许多诗的题名与音乐、曲子的名字是相通的，比如《少女》可以是一首诗，也可以是一首歌。这种例子也很多，比如说《狂想曲》《四重奏》。尤其在文艺复兴的那个时候流行，一直到15、16世纪差不多二百多年的时间，甚至更长。欧洲诗人写的这种诗很像中国的律诗，因为是十四行，前面八行一段，后面六行一段，非常工整，押韵的要求很严格，写起来难度不亚于七言律诗，叫作十四行诗。

诗与乐的其他关系

诗跟音乐还有其他的关系。

诗可以入乐，诗可以配音乐。在中国的古诗里，最好的诗应该就是王维的《渭城曲》："渭城朝雨浥轻尘，客舍青青柳色新。劝君更尽一杯酒，西出阳关无故人。"可是这首诗本来不是叫《渭城曲》，本来诗名叫作《送元二使安西》。后来被谱曲，最后一句"西出阳关无故人"唱三遍，所以又叫《阳关三叠》，最后这首诗变成了歌，变成了《渭城曲》。

再说一个西洋的例子，全世界最有名的一首歌恐怕就是《离歌》，离别时唱的歌。这首歌是苏格兰文，苏格兰的诗人写的，题目叫作《惜别往日》，是讲离别情的。苏格兰的诗人为苏格兰编乐谱，整理民间音乐，看到这首诗的曲调，但原先的歌词并不好，所以他自己来写，就写了这首歌《离歌》。那也就是说先有曲，后有诗。那么王维的呢？是先有诗，后有曲。如李白的《清平调》。这是一种关系。

另外一种关系，可以用诗来描写音乐，以诗来状乐，这就很难了。因此诗人往往倒过来，就描写听音乐的人陶醉的表情，作为一种折中。当然，很有名的我们的唐诗里面的《琵琶行》，他提到"嘈嘈切切错杂弹"这七个字都是齿音，有声音出来，然后又形容为"大珠小珠落玉盘"。

李白有一首五言律诗《听蜀僧濬弹琴》，李白说"蜀僧抱绿绮，西下峨眉峰。为我一挥手，如听万壑松。客心洗流水，馀响入霜钟。不觉碧山暮，秋云暗几重。"他中间的四行怎么说呢？这个蜀僧弹琴，感觉像什么呢？好像山谷里的万壑松传到我耳朵里面来，一种高雅的音乐。"馀响入霜钟"，好像琴音遥遥不绝，而洪钟则发出"嗡嗡"的回声。从写诗到想象，也算是用文字的艺术来描写音乐，是不容易的。

还有一种写法，用乐理来入诗。用谱曲的那种道理来写诗。这又是另外一种关系。我写诗曾经也引用音乐的那个道理，比如我写过《二重奏》，两种声乐起伏，好像两个人在讲话。我也曾经想把《爵士乐》的切分法用到诗的节奏里面来，但是写得不好。有一位诗人，是英国诗人叫艾略特，用古典乐曲《四个四重奏》的方式写诗，第一段节奏很快，像古典音乐的第一乐章；第二乐章慢下来了，变成行板；第三乐章就变成慢板；第四乐章写得很轻快，带着幽默、谐趣，就变成音乐里面的斯凯特。这是相当微妙的一种方式。

还有一种写诗的方式，类似钢琴协奏曲、提琴协奏曲。一个乐章完了，整个乐队停下来了，把这个现场交给独奏家，提琴家或者是钢琴家，让他一个人去发挥，不完全按照乐谱，他自己可以很放开。做到一个程度，一个暗号，乐队又回来了。这是非常微妙的协奏。我自己写散文和写诗，尤其是写散文，写到一个高潮之处，突然就把文法脱开了，忽然我的句子就飞扬起来了，或者很多重复，或者很多断音，或者很多滑音。

诗的音乐性

最后，诗本身有它的音乐性。是什么意思呢？因为诗是要用文字来表达的。每一个字的本身有它的发音，比如平仄，古音有一个入，现在唐诗入声字都读不出来了，反而变成了阳平，每一个字自己有发音。所以就有音乐的一面。另外，一行诗，一句诗有平仄的对应和变化。几行诗一段，这段里面节奏的变化就更多了。整首诗它有一个音调的变化。比如说七言绝句，他的音调在变化，意义也在变化。你如果写得好的话，文字本身就可以表现音乐，诗本身就有音乐性。我们可以说，李清照的"寻寻觅觅，冷冷清清，凄凄惨惨戚戚"这种音调暗示性非常之强。或者我们念杜甫的五言绝句，读起来是多么的沉重，对仗是多么的美妙。我在美国一个人长途旅行，就背这些五言绝句、七言绝句。现在人就不大背了，非常遗憾。

诗跟绘画、音乐都是一种艺术。我觉得凡是艺术，大概有一个原理。一个艺术家，他对艺术的追求要达到什么样的境地呢？我觉得是在整齐和变化之间求得一个巧妙的平衡。你写首诗，至少要写整齐吧？如果整齐都达不到，那你还没有入门。

倘若整齐达到了之后，不能太单调，太整齐了就单调、就呆板，就要变化。那么如何在呆板和变化之间求得一个平衡？比如"少小离家老大回，乡音无改鬓毛衰。儿童相见不相识，笑问客从何处来。"如果我们把每一句的最后一个字拿掉，看看有什么变化？确实也是诗，但是感觉不太整齐。两个字一排重复了三次，很单调。于是，我们整诗要变化，所以上四下三，"少小离家老大回"，这样就感觉像诗了。

我们的古诗，从四言发展成五言，五言一跳变成七言。六言的诗，什么王安石、苏东坡这些人都写过，写得也很好，不过不流行。他们自己也写得不多，就是因为七言整齐之中又有变化。所以，我们现在写新诗，就要注意一件事情，要有相当的整齐，但是不能落入过分的韵文化。闻一多之前的现代诗人，他们写的小诗太随便了。要讲纪律，要格律化，于是就出现了闻一多这样的诗人，写得非常整齐，但是有点单调。所以艾青就出来了，就写自由诗。自由诗就跳出了单调的韵文化，但是往往又落入另外一个陷阱，落入散文化的陷阱，过分的散。所以我后来写诗，觉得格律诗有问题，自由诗也有问题，我要在格律和自由之间取得平衡。

我们现在很多年轻人写诗，他说他在写自由诗。这点是需要斟酌的，艺术有自由吗？艺术有自由。不过艺术之中的自由是你饱经自我锻炼之后得来的高度自由，并不是没有任何的纪律锻炼就有的自由。剑客、剑侠，他练剑非常辛苦，练到最后人剑合一，出神入化，拿一根茅草出来也可以当剑使，这是他严格的自我锻炼得来的自由，绝对不是糊里糊涂能得到的自由。所以这点我是要提醒我们的青年诗人，多读一点古诗，如果能够读一点外国诗也很好，尤其是格律诗。《诗经》里面的好诗当然也是可以的。我讲诗与音乐的关系大概就是这样了。

诗朗诵

接下来我就为大家朗诵一些诗。一首诗如果不加朗诵、没有吟诵，那么它的生命就没有完成。因为诗不是哑巴，不是哑巴的内容，它是有声音的，而这个声音你要把它发出来。写诗的人是诗的作曲家，颂诗的人是演奏家，我的普通话不是很纯粹，我不是纯粹的颂诗人，但是我是作家。

我要为大家念九首诗：七首我自己写的诗，两首英文写的诗。民歌虽然排在最前面，我要留到最后来念，因为它很慷慨激昂，我要大家和我一起念。

我以前在台湾，我的研究生宿舍窗外就是台湾海峡，落日就在我的面前，落日的方向就是大陆的方向。我每天黄昏可以看着落日，想象对岸的汕头、厦门。台湾虽然下雨下得很多，可是我在高雄，地震也是余波，下雨也是微细的，还算是幸运的。因此，高雄下雨我很高兴，令我回忆起我童年时期在大陆听见的雨声。我这首诗带一点童诗、童话的味道，是回忆童年的，到最后这个童话变成了神话，有大禹治水，诺亚方舟，而且句法有一些重叠。

雨声说些什么

一夜的雨声说些什么呢？
楼上的灯问窗外的树
窗外的树问巷口的车

一夜的雨声说些什么呢？
巷口的车问远方的路
远方的路问上游的桥

一夜的雨声说些什么呢？

上游的桥问小时的伞

小时的伞问湿了的鞋

一夜的雨声说些什么呢？

湿了的鞋问乱叫的蛙

乱叫的蛙问四周的雾

说些什么呢，一夜的雨声？

四周的雾问楼上的灯

楼上的灯问灯下的人

灯下的人抬起头来说

怎么还没有停啊：

从传说落到了现在

从霏霏落到了澎湃

从檐漏落到了江海

问你啊，蠢蠢的青苔

一夜的雨声说些什么呢？

    下面这首叫作《漓江》。我离开大陆四十年以后，在 1992 年才应邀回国讲学。我的《乡愁》那些诗就不能再写了，因为你已经回来了。所以我就写大陆的游记之诗，实写大陆，我就去了山东、东北、华东、华南。那一年我去了桂林，人家带我去游漓江，漓江当然是一个很美妙的景点，我是这样说的：

漓江

黛髻青鬟，南国有恁多丽人
争妍要照影
却苦了地灵
何处去寻找够长的妆镜

于是从上游的湘烟楚霭
聪明的漓江浅浅地笑着
在两岸的娉婷之间流来
而我们，自幸受宠的美学家
左顾也惊艳
右盼也叹绝
趁涟漪的靥涡顺流而下

错过的远比窥到的更多
瞻前便遗后
顾近又失远
贪看岸上，又觉得水中更诱惑

目迷，心乱，五十里的奇观
峰外还有峰
峦上更多峦
出不尽七千个峰头的大展

而更多的奇迹在地下深藏

钟乳垂长旌

石笋矗高柱

地府已如此，又何必羡天堂

再下面是《夜饮普洱》，晚上喝普洱茶，是描写我一个人在晚上喝普洱茶。

夜饮普洱

陶壶土杯，伴我深宵的寂寞

寻常的清水只要在火上一沸

就能够叫醒这一撮

貌不惊人的碎叶断梗

廿五年前在无量山坡上

吞吐滇西烟雾的灵魂

书斋里恍惚浮起了药香

深沉的琥珀流入了回肠

涤尽满腹贪馋的罪过

祛走盘踞的饕餮，还我清纯

一股暖流在丹田里运转

像大地的胎气转着云南

肚子跟仙人一样的轻

茶兴比酒兴令人清醒

醇厚的药香中，我独自饮着
一盅比一盅苦，比一盅酽
愈入佳境而不觉腻餍
直到甜津津一股回味
升自舌底，安慰着独夜的情怀
说，耐得住苦的终于甘来
天地寂寂，只一壶清水
在火上活泼地叫开

　　我写过四首诗，是写李白的，现在我念其中的两首。第一首是
《寻李白》，因为李白的家乡是个谜。他到底是哪里的人？是陇西人，
山东人，还是四川人？没有定论。
　　这首诗比较长，我是根据李白的生平和作品归纳出来的。组织了
一下，变成这样的一首诗。先讲到他喝醉了戏弄高力士，接着是他跟
杜甫的关系，他如何受制于贺知章，然后讲他爱喝酒，又说他高傲得
罪了很多人等等。第三段就是讲他这一生如何颠沛流离。他的家到底
在哪儿？我断定他的家不在哪儿，就在月亮上，就在月色之中。最
后，我看见了一个不明飞行体，把李白接走了。
　　这个诗就是说杜甫规劝李白不要太飞扬跋扈了。

寻李白——痛饮狂歌空度日，飞扬跋扈为谁雄

那一双傲慢的靴子至今还落在

高力士羞愤的手里，人却不见了

把满地的难民和伤兵

把胡马和羌笛交践的节奏

留给杜二去细细地苦吟

自从那年贺知章眼花了

认你做谪仙，便更加佯狂

用一只中了魔咒的小酒壶

把自己藏起来，连太太也寻不到你

怨长安城小而壶中天长

在所有的诗里你都预言

会突然水遁，或许就在明天

只扁舟破浪，乱发当风

——而今，果然你失了踪

树敌如林，世人皆欲杀

肝硬化怎杀得死你？

酒入豪肠，七分酿成了月光

剩下的三分啸成剑气

绣口一吐就半个盛唐

从开元到天宝，从洛阳到咸阳

冠盖满途车骑的嚣闹

不及千年后你的一首

水晶绝句轻叩我额头

当地一弹挑起的回音

一贬世上已经够落魄

再放夜郎毋乃太难堪

至今成谜是你的籍贯

陇西或山东，青莲乡或碎叶城

不如归去归哪个故乡？

凡你醉处，你说过，皆非他乡

失踪，是天才唯一的下场

身后事，究竟你遁向何处？

猿啼不住，杜二也苦劝你不住

一回头囚窗下竟已白头

七仙，五友，都救不了你了

匡山给雾锁了，无路可入

仍炉火未纯青，就半粒丹砂

怎追蹑葛洪袖里的流霞？

樽中月影，或许那才是你故乡

常得你一生痴痴地仰望？

而无论出门向西笑，向西哭

长安都早已陷落

这二十四万里的归程

也不必惊动大鹏了，也无须招鹤

只消把酒杯向半空一扔

便旋成一只霍霍的飞碟

诡绿的闪光愈转愈快

接你回传说里去

接下来是《戏李白》，跟李白开个玩笑。李白有"黄河之水天上来"，这是妙句，还有苏东坡的"大江东去"。所以我觉得，李白跟黄河很好。至于"大江东去"恐怕应该留给苏东坡，如果他们都是四川人的话，那就大方一点。当地不是有瀑布吗？我想象是李白的酒壶没有端正，给斜下来。

戏李白

你曾是黄河之水天上来

阴山动

龙门开

而今黄河反从你的句中来

惊涛与豪笑

万里滔滔入海

那轰动匡庐的大瀑布

无中生有

不止不休

可是你倾侧的小酒壶？

黄河西来，大江东去

此外五千年都已沉寂

有一条黄河，你已够热闹的了

大江，就让给苏家那乡弟吧

天下二分

都归了蜀人

你踞龙门

他领赤壁

接下来一首诗比较长，叫作《平沙落雁》，后来我看傅抱石的画，也叫作《平沙落雁》，画中一个老者，坐在山上，老者在弹琴，远处天边有雁阵飞过。本来是乐曲，那傅抱石把它画成画，我又从傅抱石那儿写出这首诗，可见艺术是相通的。

平沙落雁—— 观傅抱石画展

在大河起源的高原

一老者趺坐于沙丘

初融的雪水清浅

在他的脚底路过

向下面那世界奔流

膝头的古琴只等

修长的指尖一落

神经质的弦上

就松开敏感的筋络

放出一只、两只、三只

接翅而起的寒禽

冲破高原的肃静

直到空中的翼影

翩翩排成了雁阵

是河在流着呢还是

时间在下面流过？

是沙在静静地听着

是整片高原在应着

天盖地载的寂寞？

沙，也有耳朵么

一千里之内，除了

老者与煮茶的小厮

下风可还有一只

耳朵竖起来听么？

琴声悠悠能传到

昭君或李广耳旁么？

昭君有哭泣，李广

有停下马来听么？

丝路的驼商络绎

有回过头来找么？

面向无边的空旷

背着入神的观场

老者无言，琴声袅袅

在他的指间起落

尾声转缓更依依

呼应着雁阵的回旋

愈迴愈低愈低回

飞回老者的怀抱

曲终了么，沙漠问道

是雁阵收回了琴匣

究竟，还是，

琴声散落在天涯？

接下来我为大家念两首英文诗。西方语言写的诗跟中文是完全不一样的。中文诗含蓄、简短、凝练；英文因为文字的关系，跟我们的节奏不一样。我们中文是发快字，一个字一个音，"少小离家老大回"，七个音，可是英文不是这样的。它有两个音节的字，也有三个音节的字，它的发音的长短跟我们不一样。英文的音调有点像手风琴，一会拉开一会收紧。我们是平平仄仄平平仄这样来，而英文的节奏是靠轻音和重音而来。

比如莎士比亚说的一句很有名的话"To be,or not to be:that is a question"，起落有致。我现在要念的是一首十四行诗，比律诗还要复杂。律诗一律到底，十四行诗有六七个韵。我念的第一首英文诗Ozymandias，这是埃及法老王的名字。这首诗怎么说呢？说有一个旅人从埃及回来，跟我说，在沙漠里面，有一座石像已经残脱，就剩下两只脚，身子已经变了。那个石像脸上的表情，可以说明当时那个雕刻者对于君王的内心揣摩得非常精致。像上有两行字："吾乃万王之王，奥兹曼斯迪亚斯；功业盖物，强者折服。"不过，现在什么都没有了，帝国也没有了，只剩下平沙万里，一具破的石脸在那里。有点像古代唐诗。

Ozymandias

By P.B.Shelley

I met a traveler from an antique land

Who said: "Two vast and trunkless legs of stone

Stand in the desert. Near them on the sand,

Half sunk, a shattered visage lies, whose frown

And wrinkled lip and sneer of cold command

Tell that its sculptor well those passions read

Which yet survive, stamped on these lifeless things,

The hand that mocked them and the heart that fed；

And on the pedestal these words appear:

'My name is Ozymandias, King of Kings:

Look on my works, ye mighty, and despair!'

Nothing beside remains. Round the decay

Of that colossal wreck, boundless and bare，

The lone and level sands stretch far away."

这是英国浪漫诗人雪莱的一首诗。

下面这首诗叫作《春天，甜美的春天》

大意是说，春天来了，春天乃一年四季的君王，乃时百花齐放，村姑围成一圈跳舞，这是罗马的习俗，寒风不再刺骨，美丽的鸟儿如此歌唱，后面是四种鸟儿的叫声。

春色灿烂，小羊蹦蹦跳跳，牧羊人不停地吹牧笛，我们听到四种鸟的叫唱。

田野闻起来如此的芬芳。年轻的情人出来约会，老太婆坐在屋前晒太阳，在每一条街上，我们听见如此的歌声，欢迎我们的耳朵。四种鸟儿的声音。然后是赞美声，春天啊，甜美的春天。

Spring, the Sweet Spring

By Thomas Nashe

Spring, the sweet spring, is the year's pleasant king,

Then blooms each thing, then maids dance in a ring,

Cold doth not sting, the pretty birds do sing:

Cuokoo, jug–jug, pu–we, to–witta– woo!

The palm and may make country houses gay,

Lambs frisk and play, the shepherds pipe all day,

And we hear aye birds tune this merry lay:

Cuckoo, jug–jug, pu–we, to witta–woo!

The fields breathe sweet, the daisies kiss our feet,

Young lovers meet, old wives a–sunning sit,

In every street these tunes our ears do greet:

Cuokoo, jug–jug, pu–we, to–witta–woo!

Spring, the sweet spring !

我要各位猜一下是哪四种鸟，一种鸟的声音是这样的，"Cuckco"，是布谷鸟。

第二种鸟是"jug-jug"，不是麻雀，也不是喜鹊，在欧洲很多诗人都为它写诗，是夜莺。

第三种鸟"pu-we"，田鹬鸟。

最后一种"to-witta-woo"，晚上叫的，猫头鹰。

所以四种鸟分别是布谷鸟、夜莺、田鹬、猫头鹰。

那么，你们心里会想，你怎么知道该怎么念呢？教科书里、诗里有这样的字面，我把它念成这个样子。我们念诗可以体会，我们可以按照这种感情，这种场合来念。所以朗诵也是一种要花心思的艺术。

最后是我写的《民歌》，这首民歌写于1971年。那一年我一口气写了三首诗，除了这首《民歌》之外，其他的两首分别是《乡愁四韵》和《乡愁》。《民歌》是讲中华民族的气节、中华民族的精神，无论这个民族遭遇什么困难，无论他的文化是从中原向四面扩展，还是从哪个边区一路过来，或是由北往南，这个考古学家一直在争论，不过我们这个民族的精神是不朽的，所以我就要写这首《民歌》。

我现在念一遍。让大家有一个印象，我念第二遍的时候，就欢迎大家来加入，怎么加入呢？因为每一段都是五行，最后两行呢，第一个字是单的，后面三个字列成一组。比如说第一段，我念风，大家就应我；"也听见"，就念"也听见"就可以了，不过要整齐。我先念第一遍，大家不要和我。

民歌

传说北方有一首民歌
只有黄河的肺活量能歌唱

从青海到黄河

风也听见

沙也听见

如果黄河冻成了冰河

还有长江最最母性的鼻音

从高原到平原

鱼也听见

龙也听见

如果长江冻成了冰河

还有我，还有我的红海在呼啸

从早潮到晚潮

醒也听见

梦也听见

有一天我的血也结冰

还有你的血他的血在合唱

从 A 型到 O 型

哭也听见

笑也听见

现在我们一起来合奏。我非得站起来不可。（诗歌略）

谢谢大家。我的演讲到此为止。

崔永元

中央电视台著名节目主持人，曾主持《实话实说》《小崔说事》等栏目。2002年起，他便开始"口述历史"的搜集工作，通过各种渠道寻访被遗忘的历史见证人，先后推出了《电影传奇》《我的祖国》《我的抗战》等系列专题纪录片。

口述历史的文化魅力

崔永元

大家好！我从一走进这个会场，到登上这个舞台，已经接受了大家三次掌声，现在是第四次。其实我什么都没有说，只能说明一件事，就是扬州的观众真的热情，谢谢你们！

如何看清历史

我们看清自己非常简单，照照镜子就可以了，甚至问问周围身边的人，我们长得怎么样？每个人可能都会给你客观的评价，尤其是喝完酒以后。但是我们怎么看清楚一段历史呢？这就太难了。昨天晚上我在入睡之前看了一本书，一本关于京剧的书，我读了汪曾祺的两篇文章，让我感触特别深。大家可能都知道他，他是大作家，我们非常熟悉的《沙家浜》就是他写的，这里面有非常漂亮的词，"垒起七星灶，铜壶煮三江。摆开八仙桌，招待十六方。来的都是客，全凭嘴一张。"我还非常崇拜他这个人。

这两篇回忆文章是在 1991 年写的，有两点我告诉大家，很让我震惊的：第一，他夸了江青，第二，他夸了吴慧勇。吴慧勇"文革"的时候当了文化部部长，也算是"四人帮"集团的爪牙，这个人已经不在了。今天，如果有人站出来讲江青的好，说一点吴慧勇的好，我看问题不大，即便是没有什么人听，也不至于有什么危险，现在已经宽松到这个程度了。但是1991年，远没有这么宽松，所以我看到了汪曾祺先生的良心。

江青有什么好？大家一定愿意听这个话题。汪先生写得特别客观。他讲到了样板戏，他讲了《沙家浜》，他说江青有什么贡献呢？她做了很多指示，很多指示是错误的，不值得一提的，但是他认为有对的。他举了一个最有名的一个例子，智斗，刁德一、胡传魁、阿庆嫂之间的智斗。江青建议加上胡传魁，三个人的智斗戏剧性更强，观众看起来更好看，他觉得这是她的功劳。她的不对汪先生也说了。

他还说吴慧勇，说他非常荒谬，他在写样板戏的时候提出了一个三突出，叫作"在所有人物中突出主要人物，在主要人物中突出英雄人物，在英雄人物中突出主要英雄人物"。三突出当时给所有的创作人员戴上了紧箍咒。

我拍他们的戏，最难拍的是《智取威虎山》，要突出主要人物，主要人物中要突出主要英雄人物，那里面可就一个主要英雄人物，就是杨子荣，周围都是土匪，八大金刚，还有小匪，杨子荣高点，其他人都尽量趴下，就完成了，就突出了。你们可以看到这个影片的拍摄，杨子荣是红光满面，其他人都是蓝光。

当时拍电影的时候，不停地动，这个灯光怎么做？不做不行，必须得这样做，就得需要很多追光。追光手动控制不行，变化太大，所以灯光师爬到上面，在上面调整这个灯光。有的时候要演出三场，有的灯光师就睡着了。杨子荣跟座山雕比枪法，这个时候杨子荣要一枪打俩，杨子荣抬手一枪，灯光师就从上面掉下来了。戏不好演了，小土匪机灵，说，三爷，又来了一个溜子，带下去，就把这个灯光师给拖下去了。

汪先生说，吴慧勇先生做了什么贡献呢？在京剧的唱腔上做了一定的创造。典型的是《杜鹃山》，在传统的京剧样式里加上了西洋歌剧的样式，这是他的创新。这些在历史里查不到，这就说到了我今天要说的正题，叫口述历史。

口述历史是大历史的补充

口述历史是一个人的回忆，是一个人的感悟、经历，口述历史不是史，我们有时候说官方的历史靠不住，口述历史更靠不住。有什么用呢？我觉得口述历史是大历史的补充，它给你提供一些依据，从一个瞬间，从一种状态，尽可能的接近那份真实的历史。这是口述历史的作用。

现在我正在做的口述历史项目叫"中国大使"，采访咱们建国初期驻外的一批大使，一共200位，现在采访了60多位，他们描述了很多鲜为人知的细节。比如说，我们第一批的大使基本上都是将军大使，14位将军当上了大使，都是战场上下来的。外交都是要有礼仪的，这些将军不会，怎么办呢？要组织他们学习，所以他们上任以后第一项工作就是参观苏联的驻华大使馆，第二件事就是学习穿西装、打领带，学习跳舞，学习吃西餐。据这些大使回忆，最难受的是吃西餐，首先不好吃，第二不用筷子，要用刀叉，最严重的事故，是他们练习吃西餐的时候，有一个大使，割鸡肉，是一个比较关键的部位，怎么割都割不动，一使劲就飞出去了，把另外一位大使的眼睛给打得直接送医院了。

这些将军，他们都是战场上下来的，怎么过得惯这种生活？经常吃着吃着，说"老子不干了"。这个时候就要有人跟他们说，外交工作多重要啊，为什么要选派他们来做这个工作。现在外交部的档案里面，查到了一些文字特别有意思，就是给这些将军讲的，进食礼仪。

还有要递交国书，这是大使上任的第一件工作。国书是什么？国书就是介绍信。一个大使，到另外一个国家就任，应该有国家主席给你开的介绍信。递交国书是有仪式的，我们的将军出去当大使都要有这种仪式，但是他们谁也不会。怎么办呢？就要学。当时罗马尼亚的大使，给毛泽东递交国书，他们就拉了一个特别长的屏风，让所有要上任的大使都趴在下面看，看看人家怎么递交国书的。就是这样的训练，这些大使还不乐意。

第一件事就是我们中华人民共和国的第一位大使，驻苏联大使王稼祥，他出发的时候是 1949 年 10 月 20 号，他没有护照，他赶着一个日子上任，就来不及办护照。据我考证，还没有做出来护照，因为当时开国大典，护照多小的事，没有做出来。在战争年代，这些将军在外面待了好多年，治病、养伤，连自己的孩子都是在外面上的学，现在当大使，到了那儿，不让进，他们觉得很奇怪，不理解，当了大使反倒不自由了。王稼祥没有护照怎么办？毛泽东和斯大林商量了一下，用手写了一个证明信，就开始了大使的生活，这是我说的第一件事。

第二件事，我们一个大使和那个国家的首相是战争年代的生死与共的朋友，上任了，很庄严的礼节，有三军仪仗队，他从主车上下来了。人家等着跟他握手呢，他直接出了一拳，"兄弟，你混得不错啊"。违反了外交礼仪，所以人家就提出抗议，说中国大使不尊重我们的首相，不尊重我们的元首。于是就把他调回来，批评他："你不能这样，你要注重外交礼仪。"他想不通："我们俩多好的兄弟啊，当时快饿死的时候，我还把饭分给他一半呢，怎么现在要这样呢？"人家说："不行，这个是外交礼仪。"给他做工作，然后又回到这个国家工作，还是三军仪仗队，红地毯，人家首相过来，大使说："你小子还告我啊？"他的观念非常难转变，这位大使又被调回来了。怎么也想不通，这些事正史可能不会写，但是你说今天我们了解这些历史有什么作用吗？你说是博得观众、读者一笑吗？不是！真的。

我们今天这个国家在前进，在飞跃，加入了世贸组织，好多事情都在按着规矩办，都得按照国际惯例办，那时候大使遇到的问题我们今天依然在遇到，如果我们处理不好，依然要交学费，依然要走弯路，这就是口述历史，或者说历史给我们的实际作用。当然我们看待任何事情还不能这么功利，有用就行，没有用就拉倒，不能这样。中国加入了WTO，很大的事，我们在家里也议论这个事，我们用的是很规范的词，叫世贸。有一天，我正谈着，我发现我女儿一脸的疑惑。她说，世贸不是塌了吗？怎么还世贸？不讲清楚不行。

我记得加入世界贸易组织那年，我采访了龙永图。我也曾经问过，我说WTO，世界贸易组织到底是怎么回事？大家都在讨论，跟我们的老百姓生活有什么关系？必须要让我们听懂，否则你们谈的那么热闹，大家不感兴趣。结果那天龙永图兴致很好，他讲得很清楚，他说世界贸易组织就是一个大菜市场，中国没有加入之前，就是在外面挑着担子卖白菜的小贩，价格就上不去还得老逃跑，因为老有城管管你，我们要争取在这个菜市场里有一个摊位，理直气壮地在里面经营。这是第一。第二，我们要有一个大摊位，越大越好，如果这个菜市场里的菜，有1/2到1/3是我们批发出去的，我们说话就有力量。

这样大家就能够理解，为什么加入WTO的多轮谈判老是跟美国谈，就是因为美国是里面最大的摊贩，跟他谈就行。他还说WTO开会的时候比现在还不庄严，是几个巨头在楼上开会，其他人在底下喝咖啡、聊天，谈了一下午，几个巨头商量好了，就这样了，底下人"哦"，一哄而散。这是龙永图先生讲的世界贸易组织，听得特别通俗易懂，你仔细想一想，或者你仔细研究研究，就是这么回事，没有那么复杂。

有些事情，因为历史久远，或者说，有定式的传播，也就是说一定方式的传播，传了几代人，所以大家都有固定的臆想，比如说地主什么样？我特别想知道大家理解的地主是什么样。是不是都是我们电影里面的，首先很残暴不说，都是大户，都是大户人家，土地非常多，穿得特别好，至少得穿成我这样，是不是这个样？

我们的口述历史在研究的时候，参考了很多东西。有一个著名的电影导演叫成荫，大家可能看过他的《南征北战》，他当时在抗战剧团，是一个文艺青年。有一次他去看话剧，看一个跟地主作斗争的话剧，他说，你们态度严肃一点，他指着手说，你们怎能这样做？应该给他穿上丝绸的衣服，戴上帽子。但这是在西北，陕西一带，抗战话剧团的人说了，这样，明天我带你去看这个地主，他就带他去看了几个地主。发现真的是那样穿的。普通农民，有十块补丁，地主家比较富，只有六块补丁，贫农家三代住一个草房，地主家比较富，一家住一个草房，仅此而已。西北的地主比较穷，抓地主还得到扬州这一带来抓，江南的地主比较富庶。那个时候的地主是这样的，不光山西是，东北也是。

大家看过一个电影《暴风骤雨》，里面有一个地主韩老六。我们研究这个电影，非常奇怪，这个韩老六这么坏，为什么不抓住他枪毙呢？因为那个时候国共在合作，要争取最广大的队伍，加入到抗日的阵线上来，所以没有立刻枪毙。这个电影里，费了多少劲才把韩老六给斗掉。

下面是长白山地区土改纪实，这是一个人1947年写的日记，他当时在长白山当县委干部，参加土改工作。我念几段给大家听。

"1947年2月13号。积极分子互相包庇，互相支持，他们分到的东西较其他群众的多，为了纠正干部分果实太多的偏向，进行个别谈话。"

干部分得太多，那个时候就有，现在还有。

"1947年2月14号。单纯分地，不解决春耕中的困难，群众会不满意。分地之后要组织生产，就发生了耕牛、种子、农具等一大串问题，这些困难只有在地主身上找出路。"

所以所谓地主，除了占有土地，主要是那些占有生产资料的人，从某种程度上讲，地主也是当时农村生产的组织者，解决生产问题，还要靠他们。

"1947年3月15号。今天的马鹿沟算最热闹的，锣鼓喧天，在三面大旗后面拉着一里多长的群众队伍，浩浩荡荡向赵四家的窝铺前进。"

这个赵四就是地主，窝铺就是他家。

当时群众们拿着一个破缸都是愉快的。他们都是自私的，一个破钉子都要浑水摸鱼拿走才开心。这里面可以看到地主在大风大浪中的顽强反抗，可以看到贫农们的无情与自私，保守与贪婪。

这个可能，起码是接近东北长白县，1947年土改的情况。再看地主的命运。

"1947年8月14号。某某（他们要斗争的地主）明天要吃肥的了。为了要东西，大家主张不要一下打得太狠，有人主张枪毙了，有人主张节省子弹，砸死他，有的主张把他喂鱼，走着看吧，可能明天一天不能结束。"

"8月14号。原计划失败了，上午斗争，下午闹秧歌。因为群众的欢乐情绪影响了斗争会，所以把它放在明天上午。"

"8月16号。酝酿已久的斗争某某今天上午已经被打死了，其妻弟因为被打害怕，傍晚时死在拘留所里。"

这是土改的真实情况。这是一种运动，我这个人特别烦运动，很小的时候就烦，我觉悟比大家要高得多。1966年我就烦运动，那年我才3岁。为什么呢？因为当时红卫兵串联到北京，我的家在丰台，在部队大院里，我的母亲接待红卫兵去了，没有人管我了，非常饿，比在地主家当长工还饿！所以我就觉得运动不好，运动一来我妈就不给我做饭了。

当时是我表哥给我做饭，他只会做一种饭，就是疙瘩汤，就是把面粉放到水里调一调味吃，我们能够一天三顿，连着吃15天。后来吃着就感觉想吐。后来就想找两个鸡蛋来做鸡蛋面疙瘩。所以到鸡窝摸鸡蛋，有时鸡要下蛋了，还没有给他开鸡窝门。有时鸡忍不住了，也有下了几个的。于是我表哥就让我把脑袋伸进鸡窝里找鸡蛋。找到一个就给他。三个鸡蛋就可以做一顿鸡蛋的疙瘩汤。我表哥发现三个鸡蛋够了，就直接去做鸡蛋疙瘩汤去了，把我搁在鸡粪上了。

我还记得有一个老人，特别和善，我们特别喜欢他。我们经常跟他玩，从他门前过，他会掏出两个花生，或者红枣来给我们这些小孩儿，我们觉得特别好。有一天，放学的时候，就看到斗争了，我们都站在后面看。我就看到院内有一个阿姨，平时特别和善，那时候她的声调很高，在批判这个老人，我们就看到那个阿姨拽着他的白头发摔他。老爷爷就直接从台上掉地上了。这就是运动，运动给我们带来的痕迹。

还有一次，我还没有上学，有一天晚上我看到我母亲特别紧张，她把我哥哥、姐姐都叫来，让他们写两行字，写上自己的名字，交上去。两行字是什么呢？"打倒刘少奇，毛主席万岁"。后来才知道怎么回事，是我们院里出了反动标语，上面就是"打倒刘少奇，毛主席万岁"。当时就是让每个孩子写字，对笔迹，看看是谁写的。因为我没有上学，我也没有什么政治觉悟，我就主动要求我也写一个，给我母亲急得不行，不让我写，我非要在地上打滚要写，最后没有办法就写了一个。我母亲担心什么呢？她知道那个反动标语不是我写的，但是她怕我直接写成反动标语。这是那个时候的情况。

还有一天，我的表哥，半夜来敲我们家的门，让我母亲给他做饭。他拿了一个棍子给我看，说今天用这个棍子打了几十个人，从来没有这么开心过。我说打的是什么人？他说打的是反革命分子。我后来，长大了才明白。那是什么时候？悼念周恩来的时候，四五事件。我表哥是工农民兵，平时就好打架，这次有组织给他撑腰，这些工农民兵就拿着棍棒，在天安门广场酿造了一个血案，多少年以后才平反。这都是运动。

前些天我们有一个主持人，主持节目，请了一些著名的经济学者，开场白，无意中说到了三年自然灾害，学者当时就不愿意了，你这个基本常识都不知道，什么叫三年自然灾害？那是人为的灾害。你看节目一开场就这样，那肯定不欢而散。上海有一个气象学家，他写过一篇学术论文。据他的统计，100 年来，1959 年到 1962 年是风调雨顺的三年，说自然情况那基本上是一百年来最好的三年。所以三年自然灾害的说法靠不住。

我有一些忧虑，就是现在年轻人对这个没有兴趣，他们不喜欢听，不喜欢研究，也不喜欢看，他们说这是过去的事情，已经过去了。我不知道大家想到没有，因为我们的下一代，我们的年轻人，漠视这历史，这历史很有可能会卷土重来。所以我觉得我们一定要研究，一定要把它搞透，一定要用现代年轻人喜闻乐见的方式告诉他们，在我们的过去的历史中出现过这样的事情，每一个人都应该警惕，不要让它重演。

我做口述历史的缘起

我们在尝试着做口述历史。我这儿有一个数字，我是从 2002 年，就是不做《实话实说》以后，开始做《电影传奇》《小崔说事》，那个时候着手做这个口述历史。为什么呢？因为我到美国、日本、韩国，到世界上很多国家去考察的时候，我都看到了他们的口述历史，包括像日本早稻田大学。我觉得作为一个中国人非常脸红，为什么？我去看的时候，我不是古今中外地看，我只看他们存的有关中国的影像资料，有多少，我看了一看，我看了日本 NHK，最大的电视台，不知道比我们要丰富多少。

我在日本的一家中国书店去看他有一面墙，我站在那面墙前半天缓不过神来，他有我们 56 个民族的历史，就是每一个民族都有厚厚的一摞，日本人写的中国人的发展史。他们的口述历史非常非常详尽，从我们的国家领导人，一直到我们每个人喜欢的著名歌星，他都把他收集了。这个可能是让后人介入历史的一个最直接的方式。

我回来以后，就提出一个申请，我希望我们来做这个事，但是没有人支持。因为从电视节目来看，这个东西不是一个高收视率的节目，没有多少人愿意看。从经济操作来看，赚不到什么钱，所以没有人愿意做，完全是我们自筹资金在做。但是我觉得支持的人还是很多，到现在《电影传奇》，我们已经采访了 1587 人次，2203 个小时，照片收集了 10 万张，这是有关电影的口述历史的资料。中国的 1587 人，这里面至少有 200 人已经离开了我们，永远地离开了我们，他们可能是这辈子最后一次接受采访。

谢晋导演去世的时候我们想制作一个专辑。我们发现我们有谢晋导演 35 个小时的口述历史采访，就做了一个非常棒的怀念他的节目。我认为在所有的纪念他的专辑里，这是最有分量的。因为我看了平面媒体、网络媒体有关谢晋导演的专辑，大家都回避了他拍《春苗》《青春》的内容，因为怕拿不准，但是我们的节目里都播了，因为是谢晋导演亲自口述，不会曲解他的意思。很多人会认为拍《春苗》，是为了哪个阶层、首长服务，不知道他那个时候的处境非常困难，经常有人在他边上盯着，他是战战兢兢地完成了这个创作。这是谢晋导演讲的。

我们搜集了相关地方的，比如说香港地区的。我们也收集了过去跟中国关系紧密的东欧国家的一些电影史，比如像阿尔巴尼亚、罗马尼亚、南斯拉夫的。我们都看过南斯拉夫的《瓦尔特保卫萨拉热窝》《桥》。当时那是一个国家——南斯拉夫，但是当我们去采访的时候已经变成五个国家，要五个签证才能够把这个国家采访到。最惨的不是这个，最惨的是当年的剧组里的人有 20 多年没有见过面，你要打电话才能够联系。他们原来都不敢联系，他们被当地的媒体紧紧地禁锢住了。我就想了一个办法，把他们请到了北京。他们在北京一个桌子上吃饭的时候非常感慨，谢谢你这个中国人，如果不是你，我们不会在一个桌子上吃饭。

采访的时候很多事情使我们特别地感慨。比如说《瓦尔特保卫萨拉热窝》，当时这个导演，没有人给他送饭，他饿死了。我们了解了真正的瓦尔特，在中国家喻户晓，没有人不知道他的。几代人都是看着这个电影长大的。真正的瓦尔特在解放前夕就牺牲了，25岁。但是那个编剧讲了一段故事非常辛酸，你们在电影里看到的是所有人都在找瓦尔特，都在支持他，但是据我们了解，当时所有人都希望他快点被人抓住。因为他每杀一个德国人，德国人就会杀很多的贫民，就是这种疯狂的报复行为。很多的萨拉热窝居民都希望瓦尔特被快点抓住，一直听到瓦尔特死了，他们才长吁了一口气。历史的真实就是这么残酷。我们采访一些老人的时候，他们也是生活得很窘迫，不是很好。

采访完以后，塞尔维亚的人说，能不能把你们的素材给我们留一套，这是我们的一个口述历史的项目，三年前就想做，但是没有钱做，现在你们中国人做了，你们能不能把这个材料给我们复制一份。我说不可以。他说为什么？我说，我们比较有经验，你们这个国家还用不上这个。你们这个国家将来会有一个开明的国家领导人建立经济特区，然后你们会开始搞改革开放，年轻人会穿喇叭裤、烫头发、跳舞，老年人会看了不舒服，按照我这个逻辑，要30年你们才会想起来做这个口述历史，那个时候你们再来找我吧。你们现在还衣食不足，顾不上精神食粮。

除了《电影传奇》，我们电影大师已经采访了538个小时，21846张照片。我们采访的最年长的一位是陈祖涛，他的父亲是陈昌浩。陈祖涛是中国汽车工业的奠基人，中国一汽的奠基人。采访他用了86

盘的带子，50 个小时，我们有一个摄制组住在他们家旁边，因为老人年纪大了，一天只能够说半个小时，只要他身体好就来讲。

《战争与回忆》，我们采访了 96 个人，300 个小时，年龄最大的 96 岁，采访最短的 10 分钟。因为这位老人已经老年痴呆了，什么都记不住。但是我们觉得依然有意义，拍了他 10 分钟的活动影像，看看他在干什么。这个老年人，老年痴呆了，但是你提起他一个战友的名字，当时一个战役的名字，马上会潸然泪下。

《战争与回忆》最长的我们采访了 34 个小时，现在口述历史这部分，我们总共已经采访了将近 2000 人次，几十万分钟的材料，尤其是关于电影方面，做得非常详细，欢迎大家有机会可以到我们办公室看一看，我们已经用计算机把它做成一套中国电影史料的检索系统。在这个系统里你可以输入年代、人名、电影名，你会得到所有跟它相关的材料。包括从 50 年创刊，到现在的所有的《大众电影》，你可以在我们的系统里看到电子文档，非常好的系统。

当然这个系统现在没有什么用，只是我们自己收集起来感到很高兴，但是总有一天会有用的，也许是 50 年以后，100 年以后，我都牺牲了很多年了，可能那个时候大家会终于看到它的价值。我们活着的时候，明白的时候，给中国的口述历史做一点贡献，我们觉得特别欣慰。

有人说口述历史可能靠不住，我也相信。傅光明先生做过一个口述历史，是《老舍之死》。老舍是在 1966 年 8 月 24 号，在北京的太平湖投湖自尽的。傅光明先生有两个总结非常有意思，一个是有三个人在太平湖里捞出老舍的尸体，三个人，这三个人是交叉的，有一个人说是跟另外两个人，有一个人说是跟另外一个人，有一个人说是独立完成的。是关于老舍的尸体怎么被从太平湖里打捞出来的，这是三种说法，这是口述历史的不确定性。第二，老舍先生投湖时穿的衣服，描述的是完全不一样的。有的说是中山装，有的说是大褂，有的说是黑色的，有的说是灰色的。口述历史有很大的差异。

最有意思的是，老舍先生为什么要自杀？傅光明采访了很多人，他得出了这样一个结论，他说，老舍先生，是在一大堆人的同情和保护中投湖自杀的，从他采访的这个印象当中得出是这样的结果。每个人都在说，当时为了保护老舍干了什么？为了不让老舍受到最大的伤害，他们干了些什么？这是口述历史，也许大家会存疑，会疑问它的价值。既然是这样，口述历史还有什么价值？我觉得依然有价值。它是那个历史阶段的碎片、零件，可以让我们在显微镜下观察，虽然有的时候它未必可靠。

了解历史，正确面对生活

知道历史有什么好处呢？知道历史我觉得可以指导我们今天的生活、工作，让我们对生活工作有一个正确的态度。2006 年我发起了一个活动，叫"我的长征"。当时我是什么想法呢？很多人都说，你可能要弘扬一下长征精神，我说错了，根本就没有这个想法。但是当时不敢说，如果当时说了就不让走了。现在我可以告诉大家，我想干什么？我是想让现在的年轻人尽最大的可能接近历史，那么我们用这种方式，看能不能达到？你们可以仔细看，我的长征挑选的人非常奇怪，不都是党员，不都是劳动模范，不都是先进工作者，不都是优秀大学生，什么样的人都有，我们挑的时候就是这么挑的。

我还记得当时面试的时候特别有意思。来了一个大姐，51 岁了，她说我要参加你们的"我的长征"。我说你知道要走多远吗？她说二万五千里嘛，小意思。随便问了她几个问题，她不耐烦了，她说，你们快点，不快点我的米饭就糊了，原来她家就在附近，听到我们这个长征的事，她就过来看一下。

还有一个将军的夫人，将军的夫人平时肯定是养尊处优，生活肯定好得不行，特别优先，我把她弄到长征路上，把她练得哭爹喊娘的，那多解气啊，就要她。于是她成了我们当中的一员。我们就是这样一个原则来筛选。

还有一个队员，他是一个上海的商人，生意做得不错。他怎么来参加长征呢？他说他当时有一个商业对手也是朋友，两个人一直在竞争，看谁开的车好，谁住的房好，谁的生意大，谁赚的钱多，谁身边的女孩儿好看，什么都比。这个队员老是比别人差一点，一直比到2005年的年末，他的这个竞争对手跳楼自杀了。他说，那时候他就蒙了，乱了方寸了，不知道前面的这些年在忙什么呢？在比什么呢？在争什么呢？这个时候他看到网上说在招募"我的长征"的队员，他把自己的买卖一关，把钱给了朋友，就来参加了。这个人太坚决了，当时我们面试他的时候，几乎就没有第二条路，你选不选他，他也都要去。他就要去了。你要不要我，我就背着包在你们后面走。我就带了这样一支队伍开始长征了。

我们先到了井冈山，训练一个月，训练比较严格，我们请的是当地的武警战士，帮助我们训练。最早的时候一天是十几公里，后来增加到30公里，后来我们一个队员说，脚上起血泡了，晚上去看看他，一看，好家伙，从来没有看过这样的血泡，最小的也有核桃那么大，满脚都是。我看了都蒙了，这还能走吗？有的人比较专业，告诉我，没有事，这种血泡起四回，脚底下就长一个鞋垫，就可以随便走了。那怎么办呢？就让他走，越疼越走，长血泡，就拿针管把血抽出来就行了。那晚上我数了数，一晚上236个针头。我这个长征队伍赶上一个吸毒大军了，用这么多的针管。

最早的时候我们行军五公里就不行了，非常艰难。后来走到六七个月的时候，我们每天要宣布任务，明天我们行军15公里，整个队伍一片哀叹声，我说什么意思？走15公里有什么意思？留着后天一块儿走就得了。因为那个时候他们一天可以走40公里，最长的一天，我们集体行军，走了87.5公里。那时我们飞渡的泸定桥，要派小分队，八个人，当时大家都争，每个人都认为自己可以走过来，后来就发扬高风亮节，有的人就说，把这个机会留给别的同志吧，就留给他们。最后我们选了八个人，里面还有女同志，他们用了18小时51分钟，强行军101公里，就是一些普通人，跟你们一样。所以我相信，中国人了不起，我们在座的人有毅力，如果我们去长征，每个人都可以走下来。

我还关注到了这些人的变化。这个队伍一开始行军的时候，那叫一个散漫，当时我们想用一个民主化的管理方式。这个管理方式是什么呢？就是我不给你定队规，我也不要求你，我们只负责拍摄，你们自己选地方，自己定队规，自己随便走，按照你们的方式走。有一天他们说，这个队伍有问题。我一看，这个队伍拉得特别长，我们为什么要拉这么长呢？因为红军都是排队走，你们为什么不排队走呢？他们说，你不知道，行军的时候需要氧气多，人和人太近氧气不够。我也没有这么玩命地走过，不知道对不对，听上去感觉有点道理，就拉开点距离。第二天，拉开了距离，26个人拉了七公里。没有人需要这么多氧气吧？

我们还有一个队员，那天犯了错误，我们作为组织者，跟他谈话，说"你是不是偷人苹果了？你是不是偷了人家五个苹果？"他非常不高兴，"谁说的？我只拿了三个。""不拿群众一根线，这是红军最基本的。你怎么能够偷人苹果呢？""错了，我再也不偷了。""算了。"这事就算过去了。又过了一天，他又偷了，我就把他叫来谈话，"你是不是又偷人家苹果了？"他说没有，"我摘了几个橘子"。后天还有甘蔗、枇杷，这一路上水果多了去了，但不能偷。他说我们在农村长大的，喜欢尝鲜，谁来了，摘一个，挺好。我说你们是队伍，一个队伍尝鲜一下谁受得了。要是当时的队伍来尝鲜，这个水果就差不多了。所以说这个不可以。他就反思："我再也不拿东西了。你放心吧。再也不拿了。"

又过了五天，我说你这次拿什么了？拿苹果了？拿橘子了？偷甘蔗了？他说"没有，我把人家的狗给拉走了"。这个真没有办法管了。我看了当时的记载了，红军掉队很多啊。当时是西征，红军非常仁慈，你要离开就发你大洋，发你路费，你走吧。我们也不想让这样的人参加我们的队伍，因为太败坏我们的形象。

我们特别想让他自愿走，他就不想自愿走，我们就想开除他，开除他你得有一个理由啊。找理由的时候我们就来到了雪山，翻五座雪山。后来翻雪山的时候，我们的队伍后面多了几十个人，这些人都是从全国各地来的，也是爱好者，他们在网上天天监视着我们的行动，发现我们到雪山了，他们坐火车、飞机全来了，为什么？跟着你们过雪山。他们派一个代表找到我，说能不能加入我们，能不能扩红？对历史挺懂的。我们的水、粮食都不够，他说能不能跟着你们后面走？我说这很为难，如果你们在我们后面病了、残了，我们能不管吗？这还是红军吗？那怎么办呢？

我说出一个主意：你们在我们的三公里以外，如果你们伤了、残了，我们假装不知道，心里舒服一点。他们说行。就跟着我们走。我们当时背着一些压缩饼干、矿泉水，我们到一个地方就把这个箱子拆掉，扔在这儿，倒在这儿，假装是红军不小心丢了，等会儿他们爬上来看到这些东西，连吃带喝再继续。结果他们吃完了之后力气特别大，就追上了我们。

后面的队伍里有一个河北的朋友，有一匹马，背着他的行军装备，有电脑、洗漱用品。这个马也不行了，吐白沫，我们就知道这个马再过几个小时就会死。我们这个会偷东西的人，马上把这个马拉起来，往山下走。向导不建议他这样做，太危险，但是当时我们谁都阻止不了他，后来他把这个马从山顶上拉到山脚下，这个马就活了。从那天开始我就看到了这个孩子的人性之美，我可以原谅他之前的错误。他还是我们红军的一员，他虽然犯了错，但是原谅他。

我们还有一个队员胖胖的，他跟着我们走，这个孩子就是坚决反对排队，永远不让人排队，就散着走最好。据回忆，红军就是散着走的。在12月31号的晚上，我说我们要走着走到新一年，希望我们大家互相鼓励，有一个好的印象，然后我就把胖红叫过来："胖红，你能不能带着整齐的队伍走到新的一年呢？"他说行。那天晚上他喊着一二一，带着队伍，走得特整齐。所以你看，在关键时刻他是可以顾全大局的。

现在说到那个蒸米饭的阿姨了，出发一个月不到她就找到我了，说对不起，我要给这个队伍抹黑了，太难受了，我准备走完明天就离开你们，回北京。我说行，我们给你举办一个欢送仪式，没有关系，走一天也是红军战士，很了不起。第二天我们给她筹备欢送仪式的时候，她说再走一天，那就再走一天吧。走着走着她发烧了，38度高烧，走路直晃，我们当时有病可以治病，红军也要治病，我们派了一个车拉着她到医院输液，输完液之后把她拉回来，放在这儿，接着走。她输液走，旁边的队友给她举着输液瓶，她走一会儿就吐，终于到达目的地了，她大哭一场，说："崔老师，我实在不行了，我明天就离开你们了，这时候不能走了，身体不行了。"

第二天要出发的时候，我看到她又站到了队伍里，她说，昨天喝了点米汤，今天感觉挺好，就再走一天吧，就这样到了雪山。她走平路可以，爬雪山不行。到了雪山上，她又大哭一场，说"我现在不仅自己走不了，还得连累别的同事"。但是过了一天，她说再走一天吧。走到最后还差十天，我说你现在是不是不走了？她说，现在我走回北京都可以了。51岁，走完了长征。她是我们的队员当中年纪最大的一个。

我们在满是蛇的森林走过，身上都长泡。这有什么困难，任何一个搞过户外探险的都能够走过来。最难的是什么呢？最难的是对那段历史的眷顾，太不容易了。我们的队员从一开始组织他们，没有人感兴趣。

我当时走完长征以后，他们问我，有什么收获？我说我的收获有这么几点：一个是坚持；一个是实事求是；一个是宽容。坚持就不用说了，没有毅力走不下来。实事求是是什么呢？就是当你走在这个长征路上的时候，你会发现他在不停地开会。这儿开完会到那儿开会，每一次开会都重新修整一下路线。还有一个是宽容，我们知道红军当中很多人选择了离开，但是他们并没有因此受到处理。我知道，史书上记载，不算张国焘，离开这个队伍最高级别的是团长。团长都可以选择不继续走了，但是红军给他们的都是礼遇，这就叫宽容。这是我走长征印象最深的三条。

其实走长征也是对历史亲身感受、感悟的一种方式。但是它不是唯一的方式。我今天是第一次讲口述历史，我觉得有一肚子感触，但是我不知道怎么向大家表达出来，这个真的是特别困难。我希望大家关注我这个项目，关注这件事，我们慢慢地一起去感悟，我想用一句别人的话来结束我今天的演讲，"向后看就是向前进"，谢谢大家。

沈伯俊

　　当代三国历史文化权威，中国《三国演义》学会常务副会长。他的著作在三国文化厚重的东亚社会和全世界华人社会也有广泛影响。他修订的沈本《三国演义》，更是被誉为百年后可与"毛本"媲美的《三国演义》研究里程碑。

《三国演义》的精髓在道义而非谋略

沈伯俊

位居明代"四大奇书"之首的古典文学名著《三国演义》，问世数百年来，以其博大精深的思想内涵，千姿百态的人物形象，雄奇瑰丽的艺术成就，一直吸引着亿万读者的阅读和研究兴趣，家喻户晓，长盛不衰。

然而，长期以来，对《三国演义》的思想内涵，存在不少争议；特别是近年来，一些学者、文化人在其论著和演讲中，随意评说《三国演义》，其中包含若干误解乃至曲解，在一定程度上误导了读者和听众。

为此，我在自己多年研究的基础上，在这里对《三国演义》的思想内涵略加阐释，谨供大家参考。

为什么要郑重其事地探讨《三国演义》的思想内涵呢？这是因为，对一部杰出的作品来说，其激动人心、历久不衰的魅力，虽然取决于许多因素，但主要地却是来自它的丰富而深刻的思想内涵。就《三国演义》而言，论情节的曲折离奇，它不及后来的公案小说；论对厮杀场面和人物武艺的描写，它也比不上新、旧武侠小说。但是，它却经受了漫长的六百年历史的考验，一直为广大人民群众喜闻乐见，在文学史上占有比公案小说、武侠小说重要得多的地位。其根本原因，就在于它通过丰富的故事情节和鲜明的人物形象，表现出博大深厚的思想内涵。

二十年前，我曾经写道："《三国演义》是一部中国封建社会百科全书式的作品，具有极其博大而深厚的思想意蕴和文化内涵，犹如一个巨大的多棱镜，闪射着多方面的思想光彩，给不同时代、不同阶层的人们以历史的教益和人生的启示。"

当今一些人认为，《三国演义》的主要精髓是谋略。我认为，这种看法是片面的。

诚然，《三国演义》给人印象最深的一个方面，就是擅长战争描写。全书以黄巾起义开端，以西晋灭吴收尾，反映了从汉末失政到三分归晋这100年间的全部战争生活，描写了这一时期的所有重要战役和许多著名战斗，大大小小，数以百计。接连不断的战争描写，构成了小说的主要内容，占了全书的大部分篇幅。而在战争描写中，作者信奉"知彼知己，百战不殆"的军事规律，崇尚"斗智优于斗力"的思想，总是把注意力放在对制胜之道的寻绎上。因此，虽写战争，却不见满篇打斗；相反，书中随处可见智慧的碰撞、谋略的较量，而战场厮杀则往往只用粗笔勾勒。可以说，千变万化的谋略是全书的部分精华。

然而，谋略并非《三国演义》的主要精髓，更非书中精华的全部。

在中国传统文化思想体系中，"道"是最高层次的东西。"道"有多义。首先是指自然和社会的根本规律，通常指正义的事业，所谓"得道多助，失道寡助"是也。因此，它也是处事为人的基本原则。

谋略则属于"术",是第二层次的东西,是为"道"服务的,必须受"道"的指导和制约。作为一位杰出的进步作家,罗贯中认为,符合正义原则,有利于国家统一、民生安定的谋略才是值得肯定和赞美的,而不义之徒害国残民的谋略只能叫作阴谋诡计。因此,只有代表作者理想的诸葛亮才被塑造为妙计无穷的谋略大师、中华民族智慧的化身。综观全书,罗贯中从未放弃道义的旗帜,从未不加分析地肯定一切谋略;对于那些野心家、阴谋家的各种阴谋权术,他总是加以揭露和批判;对于那些愚而自用者耍的小聪明,他往往加以嘲笑。可以说,《三国演义》写谋略,具有鲜明的道德倾向,而以民本思想为准绳。后人如何看待和借鉴《三国演义》写到的谋略,则取决于自己的政治立场、道德原则和人生态度。如果有人读过《三国演义》却喜欢搞小动作,那是他自己心术不正,与罗贯中无关;恰恰相反,那正是罗贯中反对和批判的。有人谈什么"厚黑学",也硬往《三国演义》上扯,更是毫无道理的。

那么,《三国演义》的主要精髓是什么呢?我认为,《三国演义》丰厚的思想内涵,主要表现在五个方面。

对国家统一的强烈向往

《三国演义》的思想精华,居于首位的就是对国家统一的向往,这是《三国演义》思想价值中最核心最重要的部分。我们这个民族为什么能够历经磨难而不倒?为什么在四大文明古国中是唯一的种族不曾灭亡、文明没有中断的一个国家?一个根本的原因是,从周朝起,我们就逐步形成了向往国家统一,追求安定太平的共同民族心理。这种共同心理,是中华民族最伟大的聚合力,是一个牢不可破的优良传统。维护国家的统一与安定，是我们民族一贯的政治目标。周代以来的三千多年间，由于种种原因，我们民族曾经屡次被"分"开，饱受分裂战乱之苦。但是，每遭受一次分裂，人民总是以惊人的毅力和巨大的牺牲，清除了分裂的祸患，医治了战争的创伤，促成重新统一的实现。

在那"出门无所见，白骨蔽平原"的汉末大动乱时期，以及罗贯中生活了大半辈子的元代末年，广大人民对国家安定统一的向往更是特别强烈。罗贯中敏锐地把握了时代的脉搏，通过对汉末三国时期历史的艺术再现，鲜明地表达了广大人民追求国家统一的强烈愿望。在小说中，当天下大乱以后，那个时代的英雄们想的是什么？怎么做？我认为就是以曹、刘、孙三方为代表的英雄们，顺应时代的潮流和民众的愿望，力图发挥自己的聪明才智，去重新实现国家的统一。"三方争天下"，争的是什么？争的是重新统一的主导权，而不是单纯的斗智、斗心眼。这是《三国演义》的政治理想，也是其人民性的突出表现。

对政治和政治家的评判选择

人们常常谈到《三国演义》"尊刘贬曹"的思想倾向，有人还把这称为"封建正统思想"，指责《三国演义》"贬低"或者"丑化"了曹操形象。其实，"尊刘贬曹"的思想倾向，早在宋代就已成为有关三国的各种文艺作品的基调。北宋大文豪苏轼的《东坡志林》有这样一条记载："王彭尝云：'涂巷中小儿薄劣，其家所厌苦，辄与钱，令聚坐听说古话。至说三国事，闻刘玄德败，颦蹙有出涕者；闻曹操败，即喜唱快。以是知君子小人之泽，百世不斩。'"这说明在"说三国事"中已经形成"尊刘贬曹"的思想倾向，并得到广大群众，包括儿童的共鸣。在元杂剧的三国戏中，以诸葛亮、关羽、张飞、刘备等刘蜀方面人物为主角的剧目占了一半以上；即使是写其他人物的，也普遍表现出"尊刘贬曹"的思想倾向。罗贯中只是顺应广大民众的意愿，继承了这种倾向。

罗贯中之所以"尊刘"，并非简单地因为刘备姓刘（刘表、刘璋也是汉室宗亲，而且家世比刘备显赫得多，却每每遭到贬抑和嘲笑；汉桓帝、汉灵帝这两个姓刘的皇帝，更是作者鞭挞的对象），而是由于刘备一生作为，基本符合古人对"明君"的最重要的两点期待：一是仁德爱民，有济世情怀；二是尊贤礼士，有知人之明。

首先，作品多方表现了刘备的宽仁爱民，深得人心。《演义》第1回，写刘关张桃园结义，其誓词便赫然标出"上报国家，下安黎庶"八个大字。这既是他们的政治目标，又是他们高高举起的一面道德旗帜。从此，宽仁爱民，深得人心就成了刘备区别于其他政治集团领袖的显著标志。他第一次担任官职——安喜县尉，便"与民秋毫无犯，民皆感化"。督邮索贿不成，欲陷害他，百姓纷纷为之苦告（第2回）。此后他任平原相，已被誉为"仁义素著，能救人危急"（太史慈语，见第11回）。陶谦临终，以徐州相让，刘备固辞，徐州百姓"拥挤府前哭拜曰：'刘使君若不领此州，我等皆不能安生矣！'"（第12回）曹操擒杀吕布，离开徐州时，"百姓焚香遮道，请留刘使君为牧"。（第20回）这表明他占据徐州的时间虽不长，却已深得民心。在他又一次遭到严重挫折，不得不到荆州投奔刘表，受命屯驻新野时，他仍以安民为务，因此"军民皆喜，政治一新"。（第34回）新野百姓欣然讴歌道："新野牧，刘皇叔；自到此，民丰足"。（第35回）

当曹操亲率大军南征荆州，刘琮不战而降之时，刘备被迫向襄阳撤退，新野、樊城"两县之民，齐声大呼曰：'我等虽死，亦愿随使君！'即日号泣而行。"（第41回）就这样，在建安十三年（公元208年）秋天的江汉大地上，刘备带领十余万军民，扶老携幼，上演了"携民南行"的悲壮一幕。如此撤退，显然有违于"兵贵神速"的军事原则，对保存实力、避免曹军追击十分不利。故众将皆曰："今拥民众数万，日行十余里，似此几时得至江陵？倘曹兵到，如何迎敌？不如暂弃百姓，先行为上。"刘备明知此言有理，却泣而拒之曰："举大事者必以人为本。今人归我，奈何弃之？"行至当阳，果然被曹操亲自率领的精兵赶上。这一仗，刘备在军事上一败涂地，而在道义上却赢得了极大的胜利。这种生死关头的自觉选择，这种"以人为本"的政治理念，绝非所谓的"作秀"（要知道，他随时可能死于乱军之中），绝非一般乱世英雄的惺惺作态所能比拟。从此，刘备的"仁德爱民"更深入人心，并成为他迥别于其他创业之君的最大的政治优势。

其次，作品竭力渲染了刘备的敬贤爱士，知人善任。其中，他对徐庶、诸葛亮、庞统的敬重和信任，都超越史书记载，写得十分生动感人；尤其是对他不辞辛苦，三顾茅庐的求贤佳话，对他与诸葛亮的鱼水关系的描写，更是具有典范意义，以致使历代的有志者，一想到"三顾茅庐"便悠然神往。

总之，宽仁爱民和敬贤爱士这两大品格的充分表现，使《三国演义》中的刘备形象摆脱了以往三国题材通俗文艺中刘备形象的草莽气息，成了古代文学作品中前所未有的"明君"范型。

另一方面，罗贯中尊重历史，博采史料，以许劭称曹操为"治世之能臣，乱世之奸雄"的评语为基调，塑造了一个高度个性化的、有血有肉的"奸雄"曹操，并未随意"贬低"，更未故意"丑化"。这里所说的"奸雄"，是指曹操既是远见卓识、才智过人、具有强烈功业心的英雄，又具有极端自私、奸诈残忍的性格特征。

在小说中，曹操第一次出场，就写得有声有色：

见一彪人马，尽行打红旗，当头来到，截住去路。为首闪出一个好英雄：身长七尺，细眼长髯，胆量过人，机谋出众，笑齐桓、晋文无匡扶之才，论赵高、王莽少纵横之策；用兵仿佛孙、吴，胸内熟谙韬略。（嘉靖元年本《三国志通俗演义》第2回）

忽见一彪军马，尽打红旗，当头来到，截住去路。为首闪出一将：身长七尺，细眼长髯。（毛本《三国演义》第1回。以下引文，凡未注明版本者，均引自毛本。）

对比一下小说对刘备出场的描写：

时榜文到涿县张挂去，涿县楼桑村引出一个英雄。那人平生不甚乐读书，喜犬马，爱音乐，美衣服；少言语，礼下于人，喜怒不形于色；好交游天下豪杰，素有大志。（嘉靖元年本《三国志通俗演义》第1回）

榜文行到涿县，引出涿县中一个英雄。那人不甚好读书；性宽和，寡言语，喜怒不形于色；素有大志，专好结交天下豪杰。（毛本第1回）

两相对照，曹操形象显然高出刘备一头，哪里说得上"丑化"呢？

罗贯中以大开大阖的笔触，艺术化地展现了曹操在汉末群雄中脱颖而出，逐步战胜众多对手的豪迈历程，对于曹操统一北方的巨大功绩，对他在讨董卓、擒吕布、扫袁术、灭袁绍、击乌桓等重大战役中所表现的非凡胆略和智谋，罗贯中都作了肯定性的描写，并没有随意贬低。

同时，罗贯中又不断地揭露曹操奸诈的作风、残忍的性格和恶劣的情欲，批判曹操丑恶的一面。为报父仇而攻打徐州，竟下令"但得城池，将城中百姓，尽行屠戮"（第10回）；接受张绣投降后，得意忘形，居然霸占了张绣的婶娘邹氏（第16回）；对于忠于汉室，反对自己的大臣，毫不留情地挥起屠刀，杀了一批又一批，包括怀孕已经五个月的董贵妃和伏皇后全家（第24回、66回、69回）；甚至辅佐他最得力的首席谋士荀彧，仅仅因为不赞成他封魏公，便被逼服毒而亡（第61回）；至于"借头欺众""梦中杀人"等阴谋诡计，更是花样百出，令人触目惊心……这种种残忍狡诈的行为，怎能不使人反感和憎恶？

由此可见，"尊刘贬曹"主要反映了广大民众按照"抚我则后，虐我则仇"（《尚书·泰誓下》）的标准，对封建政治和封建政治家的评判和选择，具有历史的合理性。

当今一些人对曹操不仅不反感，而且表示喜欢，称道其"坦率"。诚然，曹操有他坦率的一面，如公开宣称："设使国家无有孤，不知当几人称帝，几人称王。"确是事实。然而，曹操不坦率不老实、忌才害贤的一面更是事实。鲁迅先生在其名篇《魏晋风度及文章与药及酒之关系》中曾经写道："曹操是一个很有本事的人，至少是一个英雄。"但文章后面又说："倘若曹操在世，我们可以问他，当初求才时就说不忠不孝也不要紧，为何又以不孝之名杀人呢？然而事实上纵使曹操再生，也没人敢问他，我们倘若去问他，恐怕他把我们也杀了！"

是的，曹操就是这样的典型：机智与奸诈杂糅，豪爽与残忍并存；时而厚遇英雄，时而摧残人才；杀人时心如铁石，杀人后又常常挤出几滴眼泪以示懊悔……火烧赤壁前夕他横槊赋诗，扬州刺史刘馥仅仅说了一句他认为是"败兴"的话，便被他一槊刺死，全不顾刘馥乃是方面大员，功绩显著（第48回）；为封魏公而逼死头号谋士荀彧，竟将其多年主持日常政务、尽心辅佐的赫赫功勋一笔勾销（第61回）；以惑乱军心的罪名杀死杨修，也忘了其忠心追随之力（第72回）……杀了刘馥，他"懊恨不已"，下令"以三公厚礼葬之"；逼死荀彧，他又是"甚懊悔，命厚葬之"；杀了杨修，他又下令"将修尸收回厚葬"……昨天蛮横无理地杀人，今天又假惺惺地予以厚葬，这种翻手为云、覆手为雨的手段，充分表现了曹操惊人的权术：做了亏心事却从不认错，企图以"厚葬"来抹掉自己手上的血迹，在自欺欺人中求得心灵的平静。

请问，这能算"坦率"吗？今人与曹操相距将近一千八百年，不会有无辜被杀的威胁和含冤莫白的痛苦，可以轻飘飘地说几句不关痛痒的话。但如果设身处地想一想：有谁愿意被曹操冤枉杀害，再得一副好棺材？有谁愿意选择他作顶头上司，或者与他毫无顾忌地交朋友？

对历史经验的深刻总结

《三国演义》以很大篇幅描写了汉末三国变幻莫测的政治、军事、外交斗争，总结了各个集团成败兴衰的历史经验，突出强调了争取人心、延揽人才、重视谋略这三大要素的极端重要性。董卓集团败坏朝纲，残害百姓，荒淫腐朽，导致天下大乱，完全是一伙狐群狗党，混世魔王，作品便不遗余力地予以鞭挞。袁术狂妄自大，轻薄无能，既不注意延揽人才，又无明确的战略目标，更不顾百姓死活，却急于过皇帝瘾，大失人心，作品也予以严厉批判。袁绍虽然颇有雄心，其集团一度声势赫赫，实力雄厚，但由于袁绍胸无伟略，见事迟缓，坐失战机；不辨贤愚，用人不当，以致关键时刻内讧不已；心胸狭隘，文过饰非，甚至害贤掩过，终于只能成为曹操的手下败将，无可挽回地走向灭亡。相比之下，刘备、曹操、孙权三大集团在这三方面各有所长：刘备历经磨难，却始终坚持"举大事必以人为本"的信念，深得民心；求贤若渴，"三顾茅庐"堪称千秋佳话；倾心信任诸葛亮，既有正确的战略方针，又有灵活多变的谋略战术。曹操虽然心术不正，却也十分注意争取人心，延揽人才，手下猛将如云，谋臣如雨；在战略战术上，他也高出同时诸雄。孙权手下也是人才济济，周瑜、鲁肃、吕蒙、陆逊四任统帅均为一时之杰，而且有着明确的战略目标。因此，在众多政治军事集团中，刘、曹、孙三大集团得以脱颖而出，形成三分鼎立的局面。

对中华智慧的多彩展现

上面已经阐明，把谋略视为《三国演义》的主要精髓，是一种片面的，甚至是浅薄的看法。实际上，数百年来，《三国演义》让人感到魅力无穷的一个重要方面，乃是积淀在其中的中华智慧，是这种智慧的多彩展现。可以说，《三国演义》就是中华民族优秀智慧的结晶，作为全书灵魂人物的诸葛亮，就是中华民族无比智慧的化身。

《三国演义》展现的中华智慧，大致可以分解为这样几个方面：

1. 政治智慧。包括：

（1）善于把握天下大势，总揽全局，制定正确的战略方针。如荀彧的"奉迎献帝之策"，诸葛亮的"隆中对"，鲁肃的"江东对"。

（2）善于处理君臣关系，推心置腹，善始善终。如诸葛亮与刘备。

（3）善于治国，遗爱千秋。

在《三国志·蜀书·诸葛亮传》末，陈寿评曰："诸葛亮之为相国也，抚百姓，示仪轨，约官职，从权制，开诚心，布公道；尽忠益时者虽仇必赏，犯法怠慢者虽亲必罚，服罪输情者虽重必释，游辞巧饰者虽轻必戮；善无微而不赏，恶无纤而不贬；庶事精练，物理其本，循名责实，虚伪不齿；终于邦域之内，咸畏而爱之，刑政虽峻而无怨者，以其用心平而劝戒明也。可谓识治之良才，管、萧之亚匹矣。"裴松之注引袁子曰："行法严而国人悦服，用民尽其力而下不怨。及其兵出入如宾，行不寇，刍荛者不猎，如在国中。其用兵也，止如山，进退如风，兵出之日，天下震动，而人心不忧。亮死至今数十年，国人歌思，如周人之思召公也。"《三国演义》对此作了形象的再现。

（4）善于识才，后继有人。

如诸葛亮选拔蒋琬、费祎、董允为接班人；孙吴集团周瑜、鲁肃、吕蒙、陆逊四帅相继。

2．军事智慧。以诸葛亮为代表。

（1）知己知彼，百战不殆。

（2）虚虚实实，兵不厌诈。

（3）出奇制胜，用兵如神。

《孙子兵法》云："善出奇者，无穷如天地，不竭如江河。"（《兵势篇》）"兵无常势，水无常形，能因敌变化而取胜者，谓之神。"（《虚实篇》）诸葛亮正是体现这些军事原则的光辉典范。

需要特别指出的是，军事上的兵不厌诈，出奇制胜，是对敌方而言，与有些人感兴趣的权谋诡诈根本是两码事。自古以来，一些优秀的军事家，恰恰不会搞阴谋诡计，不屑于搞小动作，不会提防来自自己营垒的权术倾轧，往往成为野心家、阴谋家栽诬陷害、密谋策划的牺牲品。恰恰相反，某些小人，做正事不行，打仗一塌糊涂，搞阴谋诡计却是得心应手。让我们随便举两个例子：

战国时期著名军事家孙膑，曾与庞涓俱学兵法。庞涓自以为不如孙膑，当了魏国将军后，假意请孙膑去，却捏造罪名，残害孙膑，断其双足。后来孙膑逃到齐国，当了军师，指挥齐军，在桂陵之战和马陵之战中两次大败庞涓统率的魏军，迫使庞涓自杀。你看，论打仗，孙膑远远胜过庞涓，但他做梦也想不到老同学会害他，被庞涓的诡计弄成终身残疾。

南宋名将岳飞，在抗金斗争中屡建奇功，所向披靡，有"撼山易，撼岳家军难"的美誉；却被奸相秦桧诬陷谋反，以"莫须有"的罪名杀害，年仅四十（虚岁）。

大家看，孙膑是用兵如神的军师，岳飞是战无不胜的统帅，却都被小人陷害，成为阴谋诡计的牺牲品，令人叹息。由此可见，军事智慧与权谋诡诈绝对不能相提并论。因此，我们要理直气壮地赞美和弘扬中华智慧，而要坚决否定毫无原则、唯利是图的权谋诡诈！

3. 科技智慧。

如华佗的麻沸散和外科术，诸葛亮的连弩和木牛流马。

4. 人生智慧。

如庞德公：善于识人，称诸葛亮为"卧龙"，庞统为"凤雏"，司马徽为"水镜"；却拒绝出仕，隐逸终生。

司马徽：有"水镜"之名，曾有名言："儒生俗士，岂识时务？识时务者在乎俊杰。"又云："伏龙、凤雏，两人得一，可安天下。"却甘当闲云野鹤。

管宁：年轻时不满华歆热衷利禄，与之割席分坐；魏文帝下诏以其为太中大夫，固辞不受；明帝即位，征他为光禄勋，仍不应命，终身不仕。

诸葛亮：淡泊明志，宁静致远。

中华智慧，绚丽多彩，熠熠生辉，博大深厚，沾溉后人。

对理想道德的不懈追求

在艺术地再现汉末三国的历史、描绘形形色色的人物的时候，罗贯中不仅表现了对国家统一、清平政治的强烈向往，而且表现了对理想道德的不懈追求。在这里，他打起了"忠义"的旗号，把它作为臧否人物、评判是非的主要道德标准。通观全书，有许多讴歌理想道德的动人故事。为了忠于"桃园之义"，关羽不为曹操的优礼相待所动，毅然挂印封金，千里跋涉，寻访兄长；为了维护兄弟情义，刘备不顾一切地要为关羽报仇，甚至宁可抛弃万里江山；为了报答刘备的知遇之恩、托孤之重，诸葛亮殚精竭虑，南征北伐，鞠躬尽瘁、死而后已……

长期以来，对于"忠义"也有各种议论和批评，这里谈谈我的看法。忠是什么？其基本含义是对自己忠于所事，对他人忠于所托。你的本职工作是什么，你就干好什么；与他人相处就要忠于所托，这就是《论语》讲到的"吾日三省吾身"中的一省："为人谋而不忠乎？"经过长期的积淀、提炼和逐渐的抽象化之后，人们把它升华为对事业的忠、对理想的忠，进而再升华为对国家、对民族的忠。那绝非是小忠。义是什么？按古汉语的基本含义，义者宜也，适宜的事，正确的事，你做了，那就符合义。因此人们常常说"道义"，就是说做符合道的事情才是义。从宏观方面来说，有国家大义、民族大义；

用在人际关系上，它追求的是平等互助、患难相扶，甚至是生死与共的理想人际关系。

当然，作为封建时代具有一定进步倾向的文人，罗贯中的"忠义"观不可能越出封建思想的藩篱，但也确实融合了人民群众的观念和感情。这种犬牙交错的状况，使得《三国演义》的"忠义"呈现出复杂的面貌；但就主导方面而言，它反映了中华民族传统的价值观、道德观中积极的一面，值得后人批判地吸收。

《三国演义》的思想内容如此丰厚，那么，它的主题是什么呢？我认为，可以用一句话来概括——向往国家统一，歌颂"忠义"英雄。

就这样，向往国家统一的政治理想，构成了《三国演义》的经线；歌颂"忠义"英雄的道德标准，构成了《三国演义》的纬线。二者纵横交错，形成《三国演义》思想内容的坐标轴。罗贯中依靠这两大坐标轴，把历史评价与道德评判有机地融合在一起，使作品达到了难能可贵的高度和深度。

以上几个方面，是我对《三国演义》思想内涵的大致概括。其中可能有不准确、不全面的地方，欢迎大家批评指正。

翁思再

　　华东师范大学研究员，京剧学者，剧作家，资深媒体人。剧作有《大唐贵妃》《玄奘出关》《道观琴缘》等。2008 年起受邀在《百家讲坛》主讲"梅兰芳""伶界大王谭鑫培"等内容，声情并茂，再现伶界风云人物的传奇人生。

京剧艺术有三大美

翁思再

各位扬州讲坛的粉丝们，大家好！我是第二次登上这个讲坛，感到非常亲切。这是因为扬州和我们京剧有不解之缘，我本人和扬州也有不解之缘。今天的这场演讲是一次创新，也是扬州讲坛开坛五年来，第一次用表演和演讲相结合的形式来呈现。演讲会前半部分是表演，后半部分是演讲，在两出京剧表演的前后，我将略加点评，主要是想解决一个问题，很多人想了解京剧，但为什么这个国粹我走不近它？我怎么才能学会看京剧？如何才能打开京剧欣赏之门？我想用这次的演出和演讲来解决这个小问题，作为一个传道之举。

京剧审美特征之一：虚拟性

我们要引入正题。下面这个戏是京剧《三岔口》，有一张桌子已经摆到台上来了。这是一个什么故事呢？宋朝的时候，有个三关上将叫焦赞，受了冤枉，被押解到监狱里去，路上经过一家客店，就住下了。这个客店的老板叫刘丽华，知道焦赞是个好人，就要保护他。

谁知这时尾随来了一个人，他是杨延昭派来保护焦赞的，所以这个人也住到店里了。刘丽华店主以为这个人是来杀焦赞，两个人就发生了误会，两个好人打起来了。你看戏台就是个客店，像客店吗？没有房间也没有门。请放心，演员自会用自己的表演把这个门、把这个晚上的情景，用他的美丽的舞蹈和武打的表演给表现出来！

（表演）

两位演员演的是一个片段，这个戏后面怎么解开呢？这个店小二家的老婆，拿着灯上来了，把焦赞一块带出来了。这灯光底下一看，焦赞说，哦，这两个都是好人，这人是来保护我的，店家也是来保护我的，你们两个就算了吧。这下就言归于好，这出戏就解决了。你们看，这个戏台上，桌子有两用，既是桌子又是床；看不见一个门，完全靠演员表演出来的，这个叫什么呢？这就叫虚拟。

中国汉字里"戏剧"的"戏"字怎么写？繁体字的戏左边是个虚字，右边是戈，打仗，虚的打仗，不是真打，是假打，告诉你我是假的、虚拟的。它跟西方的艺术不一样，西方的艺术是写实的，一个房间四堵墙，有一堵墙壁打开，让你看家里实实在在发生的情况，它完全是模拟的。我们中国的戏曲是表现的，不是对生活的模拟，不是再现生活，而是用表演的技术来呈现。这就是中国传统的戏曲和西方戏剧最大的区别，最大的特点。

虚拟性的表演很重要。比如明明是黑夜，可是灯都亮着，没有必要写实地表现都是黑灯，黑灯瞎火也根本看不着精彩表演。京剧会告诉你，表演是假的，完全是使用白天的情况来表现夜晚。

有一出现代戏叫《雪花飘》，写的是一个下雪天，一个做公共劳动传呼服务的劳动模范的故事，是裴盛戎演的。下雪天怎么表演呢？这是现代戏，我们是不是要在舞台上飘雪花？裴盛戎说，舞台上下雪了，还要演员干吗？京剧演员要有很多本事，环境、天气，不用写实地表现，而完全通过演员的舞蹈、身段把它表现出来。我们刚才已经通过《三岔口》充分表现了京剧的虚拟性，它是中国代表团带出国门的经典剧目之一，很典型。

京剧审美特征之二：写意性

下面我们要准备第二出戏。第二出戏叫《乌盆记》。乌盆，顾名思义，是个黑的盆子，是怎么回事呢？它是一个鬼魂，是谁的鬼魂呢？是宋朝的一个商人叫刘士昌，他在做生意回家的路上突遇狂风暴雨，就要住店，谁知这店家就起了坏心，把他谋财害命了，然后就把他的尸骨烧成了一个盆，黑的，就是乌盆。他急于要把这个盆子出手，正好有一个人来讨债。这个讨债的人是一个做草鞋的，店家欠了他两双草鞋钱，就把这个乌盆抵给他了。

卖草鞋的人叫张别古，乌盆的冤魂就跟张别古说，包公正好这时到定远县这个地方来巡查，你把我带到衙门里，我要伸冤告状。张别古他紧张，怕被扯进去，就发生了一点矛盾。冤魂把事情的原委讲出来了以后，张别古就把它带到了包公台前，包公为他伸冤了。这里面有个细节，就是在杀人的过程中，有一个钟馗的像看到了这一切。这个坏蛋在杀完人以后，企图把钟馗的眼睛给挖掉，但是冥冥之中有上天在保佑这个受冤的人。

（表演）

这是满堂彩啊。京剧最有魅力的地方是它的唱功，所谓唱、念、做、打四功，唱在第一位。唱腔的流派能够在民间传唱一两百年，就是这些唱段使京剧绵延不衰。因为剧本是可以通过文字来流传，而我们的音乐不是。音乐就是非物质遗产，它记不下来，而要靠人唱，人没有了很可能艺术就消失了。所以现在有一个新的提法，叫非物质文化遗产传承人。

京剧的唱有各种各样的板式，慢板、原板、二六、流水、快板、散板、摇板等等，有规整的，有散的，有快的，有慢的，各种名目。京剧的板式比较全，可以表达各种各样的感情，不像昆曲永远是这么优雅，京剧有快，有慢，有伸缩性，所以它表现力更强一些。

京剧的调有三种：西皮、二黄、反二黄，但是源头都不一样。西皮发源于甘肃一带，据说是通过皮影戏的调儿，从甘肃、陕西，通过李自成的军队得以传播。李自成的军戏大概就是西皮戏。李自成打到襄阳这个地方，驻扎下来以后演这种戏。有一度李自成想在襄阳建都，大概在那待了不止一年，后在襄阳这个地方和湖北的一种音乐，也叫西皮，结合起来，这就形成这种西皮。

这时江西弋阳有一种唱腔叫弋阳腔。弋阳腔也在长江中下游流传，到安庆这个地方就逐渐形成一种调儿，后来就逐渐叫二黄，二黄和西皮在湖北和安庆交界的地方融合，变成汉班。后来汉班和皮黄结合，在石牌的地方又形成徽班，就是徽班是一路，汉班是一路。徽班先进京，把二黄带去了。西皮、二黄那个时候可能已经合班了。

后来汉班又进京了。所以京剧有了西皮、二黄两种曲调。在二黄的基础上又发展了反二黄，共三种曲调。今天这出戏，西皮、二黄、反二黄全有。所以今天你全部听完以后，基本上京剧的曲调就都听全了。

我们先讲了京剧的虚拟性，再补充一个例子。你看这个马鞭，代表一匹活马，不必骑真马上台。京剧有一个程式叫趟马的程式，上马、下马、跑马、奔马，都是舞蹈程式。样板戏里打虎上山，有一套马武，就是从我们趟马的程式里面化出来的。

由于虚拟性、假定性的表演，京剧的时空转换非常经济。演员经常说，走二门到三门到四门到五门，一圈下来好几道门儿就进去了，大房子根本看不见。一个将士骑着马，走一圈就走过了千山万水，他带着四面靠旗，就等于千军万马带在身边，这就是象征性。所以西洋人看到我们的表演，认为时空转换非常自由，是东方艺术的极大魅力。

京剧除了虚拟性，还有写意性。我们肯定不会把一座房子搬上去，也不可能把一匹马牵上台，完全靠演员的表演，所以对演员要求非常高。看京剧一定程度上是看演员的艺术，听演员的唱功，看演员的武功，看他的身段等等。

所以有人觉得，演绎的过程怎么这么长，手往那一指，还要这么指，变换花样。为什么？因为要好看。舞蹈的身段，不只是表达意思，还要有形式美。这就是京剧和话剧不一样的地方。话剧要演得像，它也感染人。比如，解放区演白毛女，演完以后就有观众上去把那个黄世仁打了一顿。再现生活就是这样，演员就演得跟这个人完全一样，跟这个事儿完全一样。京剧不是，它告诉你是假的。

美国芝加哥有一个墓园，有个两人的合葬墓，这个墓上挂了一个墓碑：最理想的演员和最理想的观众。怎么回事呢？在1907年，芝加哥演一出戏叫《奥赛罗》，里面有一个坏人，这个坏人演员演得很像，演到后来演出的时候观众忍无可忍，其中有一个观众在后排站起来，拔出枪对准上面这个演员就把他打死了。观众愕然，过一会儿这个打枪的人才醒悟过来，发现闯祸了，又拔出枪对准自己的太阳穴，一枪把自己也打死了。后来这两个人被合葬在一起了，"最理想的演员，最理想的观众"。这就是写实艺术的后果。

写意艺术不是这样。它让你看戏，受到教育之余，让你轻松，不让你感到很沉重。你享受美，但是你不会深陷其中，睡不着觉。《乌盆记》里面有凶杀，有死人，有鬼，有阴曹地府的判官，肃杀的钟馗，是很吓人的。这个戏的事态是很严重的，如果让西方的话剧来演，会演得很沉重，演得大家半夜睡不着觉，要好好想这些问题。但是京剧演这个戏是另一种方式。你要进戏了，就告诉你，这是假的。三个小花脸，出来插科打诨，让你轻松一下，告诉你是假的。他们的唱腔也是油腔滑调的，是漫画式的唱。唱到一半不唱下去了，怎么办？那就死了吧，"啪"一下倒下来了。观众一笑，原来是在演戏。这个张别古又有一段唱"张——别——古——"，"古——"了半天，憋死了，他又跳出戏外了。演员随时可以跳出戏外，开一个小玩笑，让观众轻松一下，这就是假定性的好处。演员要擅于入戏，也要擅于出戏。我们可以非常轻松地看戏，欣赏舞蹈的美，因为我们京剧是以歌舞来演故事，歌舞本身有它审美的语言，有它审美的价值。

京剧审美特征之三：程式化

　　有人跟我说，京剧节奏太慢。这个事情很简单就表达出来了，为什么那么复杂？叉子那么就拿好了，你还要这么去拿；手那么指好了，非要这么指。这里面都有功夫。所以京剧的这种歌舞表演形式，他不仅要完成剧本的内容，还要让你欣赏到它的技术美。那么技术美在那儿呢？他每一个零件都是事先打造好的，这就是程式化。他有一种规定的技术，比如说走圆场，弄个水袖。武打，徒手打，有它徒手打的一套规范，两个人讲好，它有一个名词，名词一说，他俩就心领神会，这一套就上来了。还有刀对枪怎么打，单刀对徒手怎么打，双刀对徒手怎么打，单刀对单刀怎么打，这就是武打的套路。

还有龙套，各种龙套怎么走，都有名词，表演都有形式。我刚才说的二黄慢板，它的旦角儿、老生，不同的行当，它有个规范，起拍子什么样，过程什么样，什么时候开唱，落音在什么地方，上句落什么音，下句落什么音，都有一定的规范，这就是程式化。正因为不管是音乐，还是武打、表演，它都有一定的程式，演员就学这个程式，学一个个零件。戏校青年出来以后，零件都会了，然后到了一个戏里面，这个戏这个人物怎么演，它把程式的语言告诉你，怎么组接就是这个人物，换一种组合方式就是另外一出戏。

程式是规定的，奥妙就在于为了演这个人物，演员要根据自己的条件稍做变动。或者大一点，或者小一点，或者哪个音变一点。由于观众对于这个程式都了解，京剧的老观众，同样一出戏《乌盆记》，今天看谭富英，明天看杨宝森，每一个戏屡演不衰。因为要看演员天才的表演，看演员如何用自己的办法来组合这些零件。看京戏，听京戏，首先要学会看京戏的本领，掌握它的程式语言，它的音乐语言，它的每一个零件大概的规格，当你知道这些规格以后你再去考验这些演员，他这个零件打造得如何，基本功如何，他是怎么用它的程式性的组合来完成这个戏的命题，这就是看京戏。

所以说听书要听生书，看戏要看熟戏。老观众看戏能看出门道来，这个流派是这么唱，那个流派是那么唱。程砚秋跟梅兰芳，同样一出戏唱法不一样，奥妙就在其中。听京剧的人是这么听京剧的，不完全是冲着内容去。

京剧的本质的特点，实际上就是九个字：虚拟性，写意性，程式化。虚拟不同于写实；写意性，那个形态是写意的形态；最后是一个程式化的零件打造。所以京剧表演擅入、擅出，时空自由。

掌握了京剧的本质特点，再学会京剧的程式语言，就会看京戏了。台上所有的语言，全是音乐。我一般说话没有音乐，或者音乐性比较差，到了演员嘴里那都是音乐。不仅是京剧，所有的戏曲，都是一样。京剧的哭和京剧的笑，都不能真哭，不能真笑，所有的哭和笑都是艺术的表现，音乐的表现。青衣的哭，点到而已；老生笑，哈哈哈，有节奏有轻重，要真哭、真笑了就没有艺术了。

从生活当中提炼音乐性，这是我们演员的天赋，艺术家都有这个本事。现在流行全世界的音乐《梁祝》，是怎么来的？最早是从越剧里来的。它把说话的叫板语言，不断强化，找出旋律，突然就出来这个，这是作者何占豪跟我说的。他到上海来学习，看这个越剧这个场子里面，一到这个叫板"妹妹呀——"，哗——满堂彩。现在还是这样，凡是场子哪个流派一叫板，保证一堂彩。这就是观众欣赏的旋律，他捕捉到了，然后他就把这个写成了曲子，交给陈刚。陈刚是搞西洋乐曲的，变成小提琴独奏，然后他们两个把它打造成小提琴的合奏曲，里面有很多变奏，中西结合。

京剧的音乐从语言里来的，台词念白，扩展就是音乐，这个和话剧完全不一样。话剧只要铿锵有力，表达感情，表达意思，就可以了，而京剧有充分的旋律性，这是戏曲艺术很重要的一个特点。内容仅仅是一个支架，那表现什么呢？表现形式，表现美，表现演员的天才，表现演员的领悟力，一种艺术的驾驭，艺术的处理，所以京剧就是看角儿的艺术。

京剧文化内涵：传承儒释道精神

我们很少为受教育、为看一个情节去看戏。看什么？京剧往往是看角儿。内容在一般观众眼里面重要，对老观众来说，比起看角儿来，内容是第二等。那么是不是说内容就不重要了呢？也不是。京剧的剧目相传有三千多出，但是在京剧剧目词典里面，大概有五千多个条目，有记载的可能有的也已经失传了，现在估计三千多出也没有。三千多出里面，有的很雅，到过宫廷里，有的就一直在民间，比较俗。南派的可能就比较俗，北派的京派的可能比较雅，虽然差别很大，他们都是生动表现古代生活的一部分，传达了传统文化的思想内容。我们现在去了解佛学，除了信众以外，有几个人去看佛经的；儒释道学说，都在前辈的经典里面，但是一般老百姓不看。那他怎么会有那么多传统文化的思想呢？那就是从小说、古诗词、戏曲等各种文化形式里来的。

我们很多地方有贞节牌坊，很多是烈女，从一而终，然后为了一个信仰自杀。这个思想从哪来，不是看儒家经典著作，是从戏里来的。有这么一个故事，有一个叫谢志光的画家，在青楼里面，看见一个非常美丽的女子，他就非常钟情于她并且把她画成美丽牌的月份牌，风靡全国，拿到很多稿费。他拿到这个钱就把这个妓女从青楼里赎出来。这个女子视他为恩人，她的美貌就不给任何第二个人，到了他家里就在家里待着，永远在他家里的二楼，没有越过雷池一步。1976 年谢志光逝世了，这个女子就绝食，七天以后她也死了，她就知道感恩。

佛教里讲"惭愧感恩大愿心"，这是台湾佛光山的一句偈语。意思是对社会对他人做了不好的事情，要感到惭愧，要反思，"吾日三省吾身"；要感恩，谁对我好我一定要回报人家。这个女人就非常懂得感恩，她也不见得看过多少儒家的著作，她也没有读过佛教的很多典籍，但是不见得都要读这个经典著作，传统文化就是从民间的文化生活当中，传到她心里。所以，戏曲虽小，它实际上是传道的，也保留了儒家、道家、佛家的传统文化精神，让你在审美当中，不知不觉领受了这个文化的精髓。

有人问，京剧老是忠孝节义，里面很多都是很落后、很陈旧的东西，你要与时俱进。所以有的人认为京剧思想太陈旧，京剧讲的忠孝节义全是落后的。我这里要说的是，京剧所谓的忠孝，不见得全是愚忠愚孝。有的戏大家恐怕不是很注意，或许你们在欣赏艺术的时候，忘记了其中蕴含的深意。我举一个例子。我们大家知道《伍子胥》这出戏，从有京剧以来就有《伍子胥》。京剧的形成，是在道光年间，京剧的鼻祖程长庚最善于演的戏就叫《文昭关》，讲的就是伍子胥。

怎么回事呢？楚国的昏君楚平王，做了很多欺压老百姓的事情，把他自己的儿媳也霸占了，伍子胥的父亲去谏言，劝他别这么做，结果被杀。不仅如此，还要杀他的全家，杀他的儿子。他的两个儿子不在京城，就想办法诱杀。哥哥叫伍尚，弟弟叫伍子胥。伍子胥让哥哥去，说要是不去就是不忠。哥哥去了以后，果然被杀了。伍子胥就想一个人逃到吴国，但全国都在通缉他，挂着画像，逃不出去。在昭关里，他乔装改扮一个晚上，把胡子染白了，一着急他变成白发老人了，有一个人跟他面貌很像，把那个人抓了。他自己逃到吴国以后，借兵训练部队打到楚国去，把楚国灭了。战争持续一段时间，伍子胥到了楚国，楚平王已经死掉了。他还意犹未尽，就把楚平王从坟墓里面掘出来，鞭尸三百。伍子胥是楚国人，皇帝是楚国的皇帝，你打你的皇帝，到外国去借兵去打你的皇帝，不是不忠吗？

《孟子》里有这样的话，叫"君视臣如草芥，臣视君如寇仇"。你看不起我的话，我就看不起你。就是说你是一个暴君的话，我就有权反你。这是民本思想。孟子还说，你如果把昏君杀了叫诛独夫。所以君臣之道是建立在双向关系上，伍子胥就表达了这种精神，社稷为重，君为轻，老百姓比皇帝重要。这说明无论是孔孟之道、经典思想以及戏里面的伍子胥，所表现的思想都反映了民本思想，不是愚忠愚孝。所以我们要把京剧里面所反映的根本的文化精神与历史时代条件剥离开来。皇帝可以因时而易，唐朝的皇帝，宋朝的皇帝，明朝的皇帝，都不一样，但是我们爱国是根本。所以我们有一出戏叫作《岳母刺字》，岳母在岳飞的背上刺了"精忠报国"四个字，忠是忠君，这个忠君的君就是历史的派生条件，是可变的，报国是根本精神，是不变的。

所以我们不要认为京剧表现的内容都是落后的，因为除了有认识价值，我们也找不出别的艺术形式像中国的戏曲这样，可以反映某一个时代的民族民风和老百姓的思想。《乌盆记》表现的这种有仇必报，人在做天在看，你逃不脱钟馗的眼光，这是古代老百姓的一种愿望。

传统文化、生活方式在我们传统戏曲里都有表现，这就是他的认识价值。从这个角度讲，它是一种文化遗产，它里面还有很多很积极的精神，所以我们不能认为京剧的精神只是落后的。

今天解决了两个误区，一个误区就是认为京剧节奏慢。要静下心来看剧情，要读懂京剧每一个零件，领会京剧的语言，要有欣赏京剧的眼睛和耳朵，再看京剧，你就觉得里面韵味无穷。

第二个误区，就是认为京剧思想落后，很陈旧，愚忠愚孝，这个思想要打破。京剧有它的文化的认识价值，它实际上有很多反映了儒释道、哲学的根本精神。所以学京剧一定会在形式和内容两方面给你启发。

京剧是所有戏曲中集大成者

有人认为，我就听地方戏好了。但是京剧和地方戏是不一样的，京剧是集大成，地方戏里有的，京剧里面几乎全有，地方戏里面没有的，京剧也有。地方戏局限在地方，京剧有广普性，在整个的中国号称三百个戏曲里，只有京剧语言是一个艺术的语言体系。它不是某一个地方的方言，它有安徽安庆地区的方言，有湖北的汉调，它又经过上海，到北京吸收北京音，把各地方言里面最好听的因素，声韵调优化，组成一个系统。这个系统是一个特殊的、艺术的语言系统，区别于普通话，区别于各地方言，它是个优美的东西。

越剧好听，扬调好听，越剧评弹也好听，但是它们的好听有局限性，吴越方言区戏剧，北方人听不懂。京剧有中州韵、湖广音、北京音在里面，全国的观众一般都听得懂。它也有地方特色，有湖广地区的地方特色，它具有广普性，又有地方特色，这是京剧语言的一个特色，所以它能够成为国剧。

京剧和昆曲的不同在哪里？京剧在形成的过程当中像海绵一样吸收其他艺术，它把昆曲也吸收进来了。京剧的武戏，基本上唱昆腔，京剧舞台上，有很多要唱昆腔，昆腔和正统的京剧不一样。在京剧里面唱昆曲，你觉得很自然，因为昆曲是京剧的一部分，如果在昆曲的舞台上演京剧肯定得不到承认。京剧文武昆乱，就是有文戏、有武戏、有昆曲、有乱弹，是个包容性很强的、集大成的、优化组合的艺术，又经过清朝的皇宫的磨洗，变成一个比较精致的艺术。

京剧现在的处境很不好，创新遇到了瓶颈。我们期待着新的政策改革和发展机遇。有市场的艺术运作体制，以及有力的政策配合，京剧还会有灿烂的明天。

蒙　曼

　　北京大学历史学博士，现任中央民族大学历史文化学院副教授，硕士生导师。主要研究领域为隋唐五代史及中国古代女性史。自 2007 年以来，数次登上央视《百家讲坛》。她对历史的叙述妙语连珠、引人入胜，语言风格平易而灵活，引起巨大反响。

传统文化和中国人的修养

蒙　曼

中国现在国力真的很强，但是要谈到文化，它和经济、军事就不是一回事。中国的秦、汉、盛唐，是输出文化的时代。我们输出过我们的汉字，形成东亚汉字文化圈。那时候朝鲜也好，日本也好，是写汉字的。我们还输出制度，那时候三省六部制是能够在东亚起一定作用的。我们输出法律，当时，从隋朝开国皇帝演变出来《唐律疏议》，曾经是我们东亚法系的一个基础，是和罗马法对立的，东西并置双辉的两大法律体系。

今天，这些东西我们好像还都不能输出，现在我们还没有达到输出的那个阶段，所以说文化还要努力。努力不光是一个国家的事情，也不是一个机构想推广就能推广出去的事情。文化体现在每一个人身上，所以呢，今天想跟大家聊聊，我自己，也不是最熟悉，但是是现在非常关切的文化问题。

当代中国人的修养问题

说到中国人现在的修养，大家觉得中国人现在在国际上也好，国内也好，表现得好还是不好？（不好。）能答不好，这个真好。为什么呢？说明我们特别有自知之明。我们最害怕的是什么？你明明就是不好，还觉得自己很好，那都不可救了。总觉得自己不好，这个可救。

不好在哪呢？我个人觉得有几个方面，是跟个人修养相关的。比方说举止，过马路的时候车不让人，人不让车，不看信号灯，这是我们经常看到的一个现象；排队的时候，队应该是直的，但我们的队伍是圆的，插队很多。

最近还有一个话题，说中国男人配不上中国女人。网上有个说法，说 60% 的中国女性认为，身边的男性配不上自己。为什么呢？说他们穿着不整洁，说话不懂得教养，不懂得女士优先等绅士应该懂得的原则。那相反呢？ 70% 的男性不同意这个说法，说男人和女人都是一个社会的产出，不可能你们好得不得了，我们差得不得了。再说，就算我们差一些，都是因为什么呀？你把担子都架到我身上了，我养家糊口呢，然后你穿衣打扮，你以为我配不上你了。当我跟你穿得一样，你就会不要我了，是不是？因为没有人拿钱养家了。这个话题哪头对哪头错？其实不分谁对谁错，但是说明了一个共同的问题，就是彼此都看不上。外国人还有看不上我们的，我们出国旅行，他们教我们怎样做一个合格的、有礼的、到外面不被人看不起的中国人。那说明什么呢？我们的举止是一个问题。

我们的谈吐也是一个问题。我刚才在下面坐着，看见上面是盆荷花，我就在想，荷在中国古代，比如说初夏时节，荷叶刚刚露出水面，就说"小荷才露尖尖角，早有蜻蜓立上头"；盛夏时是"接天莲叶无穷碧，映日荷花别样红"；八九月份，荷花基本已经开尽的时候，就说"秋阴不散霜飞晚，留得枯荷听雨声"《红楼梦》里，林黛玉说，李义山的诗，我从来不喜欢，就喜欢这一句，"留得残荷听雨声"，因为它有意境在里面。

今天人怎么样？大概一个星期前，我的朋友在北京的紫竹院公园玩，发给我一些荷塘的照片，一张又一张发给我，图都特别好，配的就两个字，"美啊"，谈吐出问题了。过去我们有那么多说法来形容美，今天就只剩这一个词了。这还是不错的了。今天我们说"男汉子"也好，"女汉子"也好，一说到"汉子"都以粗糙为荣。前一段时间有个热闹的"节操词典"，一个叫姜茶茶的女孩子弄的。比方说，"谈婚论嫁"，嫁原来是嫁人的嫁，出嫁的嫁，现在变成了谈婚论"价"，价格的价，你出多少钱我才能跟你谈婚。这些东西很深刻地反映了这个时代。从语言这个角度来讲，它不风流、不蕴藉、不美。以我们的谈吐，现在也不好意思说自己是礼仪之邦，是谦谦君子了。

举止和谈吐的内在：智慧、情感、道德

举止和谈吐的内在是什么？是智慧、情感和道德。人要没有这些内部的智慧、情感和道德，他就不可能有外化的如君子般的、如淑女般的谈吐和举止。

没有智慧会怎么样？魏晋南北朝时期出了很多名士，其中一个就是王戎。王戎小的时候，有一次有个特别聪明的表现，什么表现呢？和一帮小孩出去玩，一看路边有一颗李子树，所有小孩都匆忙

地去抢李子，王戎不为所动。有人问他，别人都去抢李子，你怎么不去抢？王戎说那个李子树在路边居然还有这么多果实挂在树上，说明什么？此李一定苦，不值得去抢；如果不苦，早被人吃掉了。这是7岁孩子的智慧。日本的海啸地震，咱们一些人疯狂地去抢盐，超市都排长队，排到门口去了，每个人往回拿三四十包盐，能吃多长时间呢？他们不怕这盐打结，也不怕这盐变质，反正就是疯狂地去抢。王戎那时候判断"此李是苦"靠什么？常识。现在连这个常识都丢掉了，一个国家要是盐都供不上，那国家也就完了。所以这是靠常识判断我们也应该知道的事情。智慧出问题，举止不可能好，抢盐的时候能不疯狂吗？假如这一袋儿再不抢下一袋儿就没了，这时候你的举止就不可能优雅了，谈吐也不可能高明了。

情感也是，人如果没有合理的情感，也不可能有合理的恋情。昨天有人跟我讲，今天是七夕节，说是中国版的情人节。牛郎织女会七夕，牛郎、织女是什么感情啊？"金风玉露一相逢，便胜却人间无数"，一年一次的相逢就够了，其他的365天也好364天也好不重要啦。而且牛郎、织女在产生这样坚定的感情之前，有没有谁去跟谁谈婚论嫁？没有。现在情感粗糙，粗糙到什么程度？也是前几天看的一个新闻，一个女学生，说自己专门要找身价在五千万以上的富二代，五千万以下的少一块钱都不要。情感的粗糙与细腻程度相差得有多远。

情感有问题，那道德呢？其实前面都有问题，那道德是不可能不出问题的。人连最基本的情感都靠不住了，还有什么是靠得住的呢？所以现在你看，道德滑坡。老人家出门，先得桌上拿纸拿笔工工整整写条儿：我如果摔倒了，就是我自己摔的，不是别人撞的，请您救救我。自我作证，怕没人救啊。前段时间有一个道德模范，开着宝马车，看见一个老人家摔倒了，旁边一辆车飞驰过去，没人救，他去救了，救完之后说一句话，他顶多讹我的钱，不能讹我的命，要是我不救他，可能他的命就没了。这得上升到什么高度啊！救个人就先想到钱啊命啊这些事，多可怕呀！

传统文化中的修为典范

孔子那个时代，就是非常看重修养、道德的。有一件事，这是《论语》记下来的。说孔子有一次独自立在院子里，"鲤趋而过庭"。鲤是谁呢？孔子的儿子，孔鲤，字伯鱼。他出生那天，正好鲁国国君送来一条鲤鱼，孔子觉得特别吉利，就给他的儿子取名叫孔鲤。"鲤趋而过庭"，孔鲤一路小跑，跑到他父亲面前。为什么要一路小跑？这个就是礼貌。看见爸爸在这儿，小孩要主动过去，而且要快点过去，不能说爸爸在那等你说话，你踱着方步过去了，这个不对。爸爸踱着方步过来可以，儿子踱着方步过去不行。所以孔鲤很小就懂得礼貌。这个时候爸爸就问他，"学《诗》乎？"你最近学《诗经》了吗？孔鲤就说"未也"，他没学。这个时候孔子就说了，"不学《诗》，无以言"。你连《诗经》都不念，你以后不会说话啊。"鲤退而学诗"，孔鲤就开始学习《诗经》。

过了一阵子了，孔鲤学《诗经》学得小有所成了，孔子又站在中庭了。"鲤趋而过庭"，还是一路小跑，跑到他爸爸面前。他爸爸又教育他，"学《礼》乎？"他爸爸知道他学诗了，问，你学《礼》了吗？现在《礼》已经分出来了，《周礼》《礼记》。孔鲤说，"未也"，还没啊。孔子又教育他了，"不学《礼》，无以立。"你要是连做人的规矩都不懂的，连揖让进退的规矩都不懂得的话，没有办法在社会立足啊。"鲤退而学《礼》"，孔鲤赶紧回去，接着学《礼》了。你看孔子的教育是不是就这两个方面？《礼》其实贴近于我刚才讲的举止；《诗》贴近于我们刚才讲的谈吐。就是让孔鲤去学言谈、举止。孔子的教育思想一直传下来了，从春秋，战国，秦，汉，然后一直往下，后来落实到明朝、清朝。

孔子那个时候还跟他儿子、弟子，跟社会上的一些上层人士说这样的话，到明清时期应该已经落实到小孩、落实到社会普通民众了。标志是什么？是《三字经》。古代《三字经》是蒙童语物，小孩子发蒙时，先去学《三字经》。小孩子发蒙是几岁？有早有晚，早的三四岁就开始，因为很多人都回忆自己从四岁开始入家塾读书，古人说四岁，今天就是三岁。就是说刚开始学说话，就学《三字经》了。有些村子里的小孩，他的家庭条件没有那么好，可能稍晚，七八岁，乃至九、十岁开始学《三字经》，古人发蒙不会超过十岁。

这个时候学习什么呢？先学的是规矩。中国好多举止的修养，它的标准非常明确，就是整洁和从容，仪表看起来是整洁的，行为看起来是从容的。《三字经》跟三四岁、七八岁的小孩讲，讲得非常清晰，"晨必盥，兼漱口。便溺回，辄净手"，谁不理解这是什么意思？这是人生的第一个规矩。早上起来，你要刷牙洗脸，便溺回来要洗手，人要干净。然后"冠必正，纽必结，袜与履，俱紧切"，帽子要戴正了，把扣子系上，袜子、鞋也要穿好，袜带扎紧，鞋带系紧。"置冠服，有定位，勿乱顿，致污秽"，衣服帽子进门的时候要脱下来。脱掉外衣了，要放在一个固定的位置，不要乱扔，乱扔会把它弄脏了。

"衣贵洁，不贵华，上循分，下称家。"衣服整洁就好，不一定要求华贵。"上循分"，要符合自己的身份。普通人有普通人的打扮方式，电影明星有电影明星的打扮方式，国家领导人有国家领导人的着装规范，老师有老师的着装规范，清洁工有清洁工的着装规范。"下称家"，跟你的家业符合。那怎么样叫过，怎么样叫不过？你有五千万的家资，穿一件五千块的衣服，过没过？没过，这叫"称家"；你有五千块的家资，穿五千块的衣服，过没过？过，因为不称家。

"步从容，立端正，揖深圆，拜恭敬。"我走路不从容，因为老赶时间，我老希望把最少的时间用在路上，最多的时间睡觉，所以我跑着去追赶火车啊，飞机啊，不从容。但是应该从容，站要站得正。中国古人喜欢踱方步，现在我们节奏加快了，但是一定不要显示出过于焦虑的样子。一旦你从旁边经过，旁边的人都觉得要快点给你让路，不知道你赶上什么急事了。给人产生这种印象，就不好了。"勿践阈，勿跛倚，勿箕踞，勿摇髀。"别踏门槛，别斜着靠在哪儿，不要把两腿张开坐在那里，坐在那里腿不要上下抖动。小男孩，三四岁，六七岁，八九岁就学这个规矩，这就是举止，整洁从容。

男性小朋友这样学，女性小朋友呢？女性小朋友，咱们中国古代最重要的规范，从汉朝一直到清朝，就是"四德"。"三从"是道德举止，"四德"是行为规范。四德，"妇德、妇言、妇容、妇功"。什么叫妇容？"盥浣尘秽，服饰鲜絜，沐浴以时，身不垢辱，是谓妇容。"不是说你这小姑娘长得多漂亮，大眼睛小圆脸的，或者是大眼睛小尖脸的，这个各个时代都有变化，不能叫妇容，叫天分，没长这样子不可耻。妇容是服饰要鲜明整洁，要勤洗澡，没有什么脏东西粘在身体上和衣服上，还要打理自己，把自己装饰得比较端庄。这就是中国古代对仪表的基本要求。

今天的公立学校，国家会替小朋友规范一些行为，我们有《中小学生守则》，但都不如南开的"镜箴"讲得确切。南开中学，教学楼最靠门的这个位置，是一面镜子，镜子上面就写着这些箴言，讲的也是举止问题，"面必净，发必理，衣必整，纽必结；头容正，肩容平，胸容宽，背容直"，人的形象应该是这个样子。然后"气象：勿傲、勿暴、勿怠"，不要傲慢，不要暴躁，不要怠惰。"颜色：宜和、宜静、宜庄。"大家看到民国才女，很多人就是拿这几个字来取名字的。刚刚我们说了这么多，其实是基本要求。我心目中很高的一个标准，就是嵇康。

大家可以去看看《世说新语》，可以修得一些仙风道骨。嵇康是"竹林七贤"之一，后来结局不太好，被杀了。他当时就是一个美男子的标杆。美到什么程度？身长七尺八寸，风姿特秀。那时候的七尺八寸换算成今天的标准，相当于一米八八左右。魏晋南北朝时期，一个大个子，风姿特秀，见者叹曰："萧萧肃肃，爽朗清举。"非常的潇洒，非常的肃穆，非常的俊朗。但是我们还没有一个特别清楚的概念。接下来"肃肃如松下风，高而徐引"，像穿过松林的风一样，风本身是高的，但是又是悠长的，举止韵致又高，又非常的绵长。山涛，也是七贤之一，他说"嵇叔夜（嵇康）之为人也，岩岩若孤松之独立；其醉也，傀俄若玉山之将崩。"什么意思？他站着的时候，像一棵松树独立在岩石上。魏晋南北朝的时候，名士都喜欢喝酒，喝醉了经常是丑态百出。嵇康他是怎么做的？如果醉了的话，即使倒在这了，也像一座玉山崩塌在那里一样。

有人讲了，这里还是天分，他有一米八八的高个子，符合魏晋时期对美男子的一般要求，我既不高也不白，怎么办？有人就问了，高富帅这几个字去掉的时候先去哪个？高。第二个呢？帅，最后才会去富。为什么？富是核心。嵇康的核心是什么？高也不是核心，白不是核心，什么是核心？气度是核心。嵇康写诗："目送归鸿，手挥五弦。"他平时最喜欢抚琴。怎样抚呢？在傍晚的时候，鸿雁归家，他眼睛看见鸿雁走远了，然后手挥动着弦琴。我们现代人有时也很有情调，平时也可以做到。但嵇叔夜在什么时候还能做到"目送归鸿，手挥五弦"？

在最后被司马昭杀之时。作为名士得罪了当权者，当权者一定得把他干掉。嵇康很有人气，是一个非常好的老师，太学生三千人替他求情，说不要杀他，让他当老师，到太学来给我们教书。当权者说，不，他思想反动，不能给你们当老师了。而这个时候嵇康说，天色不早啦，该醒醒了，先把琴给我拿来。然后拿五弦琴，弹了一曲《广陵散》，是聂政刺韩王的故事，弹完以后把琴扔掉，说过去人们老张罗着要来跟我学这个曲子，我就老不肯教给人家，现在，这个曲子是要绝咯！然后从容赴死。最后的这个气度，把他的美给凝固了，而且跟《广陵散》取得精神上的一致，以小抗大，以弱抗强，文人独立的风骨出来了。我们刚刚讲的仪表，有些东西是外在的，比方说"头拢正、肩拢平、背拢直"，但是如果到了艰难的时刻还能做到这些，就是一种精神的升华了，这时候你的仪容就算真的立起来了。

再看谈吐。我刚才讲了，孔子和他儿子讲，小孩子要学的两件事，第一件就是学《诗》，学谈吐；第二件，学《礼》，学做人。谈吐的标准是什么？我们还是从《三字经》讲起。《三字经》是这样要求的，"话说多，不如少。惟其是，勿佞巧。"与其把话说得太多，还不如少说两句。你这个人有一点木讷，口不能言，可以；不能让人觉得你夸夸其谈。该说什么就说什么，不要加佞巧之词来给它过度修饰，这是从正面的角度来讲。从反面的角度来讲，不能说什么？"奸巧语，秽污词，市井气，切戒之。"奸巧语，"巧言令色鲜矣仁"，老是跟别人说好话，说不切实际的话，不好。秽污词，我们现在网上经常出现的一些不干净、不方便举例子的，那个叫秽污词。市井气，就是油嘴滑舌的、粗野的那些东西，切戒之。

给男性小朋友做了这样的要求，那女性小朋友呢？"妇德、妇言、妇容、妇功"。女性小朋友要学妇言，怎样说话？"择词而说，不道恶语，时然后言，不厌于人，是谓妇言。"我们现在讲"女汉子"，有时候是一个正面的说法，有时候是一个负面的说法，不能说全社会都把女汉子作为女性的标准。特别是现在女汉子这个词里含有更粗糙的含义，一方面教你进取，没错，但进取不意味着粗糙化。一个进取的女性同样也可以是一个优雅的女性，不能在进取的同时，把所有文雅的东西都丢掉了。所以"择词而说，不道恶语"，不能够说那些太难听的话。"时然后言"，该说的时候才能说话。话说多不如说少。"不厌于人"，不招人讨厌。男、女性小朋友在古代是有一些共性要求的，谈吐要斯文有礼，不该说的话不说，宁少说不多说，不说恶言恶语。

《三字经》是为小孩写的，现在国学已成了班，给大老板都在讲《三字经》了，这是很倒退的一件事。教大人教什么？这里讲一个法师和一个信众的故事。这个信众跟法师说，我做了好多善事，怎么没得到应有的回报呢？我已经很努力了，怎么就没成功呢？这法师就跟信众讲，我给你 500 块钱吧。信众说，法师的钱我不敢要啊。法师说，不是白给你，求你给我办件事。信众很开心说，好啊，法师的事情我一定尽力办，什么事啊？法师说，我借 500 块钱给你，你帮我买一辆宝马汽车。信众说，你给这么少的钱，我没办法买这么好的车啊。法师说，哦，你还知道办不到啊。有些人觉得出很小很小的力就能得到很大很大的收获。这叫什么？这叫谈吐，你看法师是不是很简单地就把事情的道理揭示出来了，这就是机智的谈吐。

再讲一个唐朝的例子。唐朝开始科举考试，但是唐朝的科举和后来的不一样。唐朝在考试之前是可以做工作的，考生在考试之前要把你的才华向当时著名的文人展示出来，然后形成一个舆论，大家都说你非常有才华，这样万一在考试的时候一下子没有发挥好，有社会舆论给你做补充，很可能还会录取你。所以唐朝的这些学生们都讲习卷，就是考试之前甚至考试之后都可以把自己的习作送给考官大人，或者送给当时最有影响力的一些人。

那时候有个叫朱庆馀的人也去参加科举考试了，而且感觉自己考得不大好，这时候就心慌。怎么办？你看一个有文化的人在心慌时怎么办？他想问问主考官到底他那份考卷能不能过，但是非常直白地去问人家是非常不得体的，人家也是不会告诉你的。朱庆馀就写了一首诗送给这个考官了。

那诗叫《闺意》，这样写的："洞房昨夜停红烛，待晓堂前拜舅姑。妆罢低声问夫婿，画眉深浅入时无？"洞房花烛之夜，新媳妇婆回家去了。待晓堂前拜舅姑，天快亮的时候就赶紧起床，准备到堂前去拜见公公婆婆。但是新媳妇见公婆是一件特别为难的事情，因为古代媳妇是看公婆脸色过日子的，所以很忐忑，妆化好了总是不自信，怎么办呢？妆罢低声问夫婿，低声问自己的丈夫：画眉深浅入时无？你看我的眉毛是深还是浅？好看不好看？符合不符合公婆的审美标准啊？你看问得多好，其实真正想问的是什么？昨天考试也考过了，今天考官您要看到我的卷子了，也不知道那诗写得好还是不好。

直接问考官好不好，考官不会回答。这样问，考官回答了，也是用诗来回答的。张籍的《酬朱庆馀》："越女新妆出镜心，自知明艳更沉吟。齐纨未是人间贵，一曲菱歌敌万金。"什么意思？一个吴越人家的女孩，已经打扮好了。明明知道自己很美，但是还是不怎么踏实。虽然有许多其他姑娘，身上穿的是齐地出产的贵重丝绸制成的衣服，可是那并不值得人们看重，反之，这位姑娘的一曲菱歌，才真抵得上万金。你给我的诗已经价值万金，我心里已经看重你了。你看多好，这双方多会说话，这叫风雅。

我们刚才讲的稽康的故事，有潇洒的风度，也有巨大的道德力量。所以从外在来讲，中国人的修养首先应该表现在举止上，表现在谈吐上，但是举止和谈吐都不是孤立存在的，要回到内在力量上来。只有内在力量，你才能有良好的外在教养。内在力量是什么？我们刚才讲有智慧、情感、道德。智慧从哪来？这又涉及修为问题了。

智慧从经验里来，知道的是你经验过的东西，不知道的是你未曾经验过的东西。小猫小时候什么也不怕，不怕水，"咚"的一声掉进水桶里去了，第二次它肯定不会趴着桶沿了。它的智慧从哪来？从经验中来。如果它一次次掉桶里去，没造成任何伤害，它就没这经验。一些长者八十几岁，他就有八十几年的经验，八岁的小朋友他就有八年的经验。什么可以丰富人的经验？阅历可以丰富人的经验。一个人在村子里，他的经验肯定就是有限的，走到都市里了，经验就丰富了，走到海洋了经验就更丰富了。

读史以明智

一个人的经验还是有限的，就算走遍全球，也不能说走遍了地球的每个角落。智慧向哪里求？向历史求。我是学历史的，首先就推销历史，历史特别重要。《三字经》也讲历史，而且《三字经》讲历史的部分特别长，我在这里讲一段。"自羲农，至黄帝，号三皇，居上世。"伏羲、神农、黄帝，中国的历史从这里开始的。"尧舜兴，禅尊位。号唐虞，为二帝。"唐尧、虞舜，这是最早的二帝了。"夏有禹，商有汤。周文武，称三王。"夏、商、周三代然后到"夏传子，家天下。四百载，迁夏社。"你看多简单，夏朝历史就这样讲解完了。"汤伐夏，国号商。六百载，至纣亡。"汤没有重要的特征，因为它和家天下一样，但是给了一个时间限制，六百载，到了纣王就结束了。大家都知道，纣王是大昏君。

"周武王，始诛纣，八百载，最长久。"周朝有一个最重要的特征，它是西周、东周加起来，时间有八百年。所以武则天在她晚年时留了一个问题，她在传子和传侄之间犹豫，是传位给儿子呢，还是传位给侄子呢？传给儿子一代而亡，以后又是唐朝的天下了，传给侄子，还是姓武，一承二世，武周长。她就问别人，别人说你觉得是武周长，还是西周、东周加起来长？武则天很聪明，她知道怎么长也不会长过西周、东周；你觉得是祭祀长，还是西周、东周长呢？传给儿子，儿子传给孙子，孙子传给重孙子，千秋万代祭祀不断，八百年更长。武则天传子这是很重要的一个原因。

周朝很重要的特点是时间长。"周辙东，王纲坠。逞干戈，尚游说。"周朝有一个王纲、纲纪，礼乐文明，周朝之礼乐文明这是一个很重要的特征，西周要灭亡的时候我们首先想到的是礼崩乐溃；夏朝，第一个想到的是家天下代替功天下。"始春秋，终战国。五霸强，七雄出。嬴秦氏，始兼并。"礼崩乐溃后又分两个阶段，第一个阶段就是东周，春秋五霸，战国七雄，秦朝统一全国七雄合并，以后始终维护统一成为一个很重要的历史事件。现在《三字经》一直说到清朝，因为它一直延续地写，这就是智慧一个很重要的来源。

历史是很重要的。我们祖先怎样从伏羲、神农这样一个神话阶段发展到现在，这是鉴往；但是还有知来，鉴往永远是为了知来。读史也是为了明智，什么样的智慧呢？史书告诉你的是上下五千年，纵横八百里。108 岁，就是茶寿的年纪了，只有 108 年的阅历，要是加上中国的历史，就是加上三千年的历史，要是加上埃及的历史至少有八千年。你的生命是累计的，阅历也是往上增加的。你只在扬州生活过，有扬州人的经验，走到北京去就有北京人的经验，走到意大利就有意大利人的经验。你到意大利看到的是现在的意大利，学历史还可以了解古罗马。智慧从此来。历史只有轨迹，你登上从北京往扬州去的列车，会发现你自己一直往南走，火车突然走到一个洞里，你不知道自己到底在哪，但只要火车没脱轨你就知道自己一直往南走，一定是这样的。

学中国历史也是有很多好处的。我们现在有很多担忧，会不会礼崩乐坏？有一天我们的民族文化都被很多莫名其妙的东西毁掉了，有没有可能？其实不可能，为什么呢？信心在历史。中国历史礼崩乐坏多少次？早在西晋，北方胡尘滚滚，北方那些听不懂的语言都来了，中国文化因此断掉了吗？没有，反而因为那次大融合才有了隋唐盛世，有一种雄健的气魄加进来了。

后来又出了一件大事，元朝时蒙古铁骑又一次滚滚南下了，长江以北毁得很惨，遇人杀人，这个时候大家也觉得礼崩乐坏了，坏到什么程度？人们的语言都变了，我们现在扬州话，"从北京到镇江南站"，元朝以前怎么说？"从北京驿到镇江南驿"，"站"代替了"驿"，我们整个北方的语言都被改造过了。当时怕礼崩乐坏，但是结果是什么？小中国变成大中国了。1840 年，中国受到外来侵略也开始民族自觉，也觉得礼崩乐坏，坏到什么情况？当时觉得不改变文化，就无法和世界接轨，要求拉丁化，不是汉字简化的问题。现在看呢？是传统糟粕的东西在历史发展中被抛弃了。我们刚才讲"四德"，讲

"三从""五常""三纲"了吗？很多东西被我们抛弃了，但是也有很多东西我们继承下来了。历史告诉我们文化有很强的适应性，去包容就可以了。

我到扬州讲坛来，第一次讲武则天，第二次讲唐玄宗，第三次讲隋炀帝。我的一个结论是：过快不及。无论一个人有多大的理想，超越社会发展的节奏是不行的，好大喜功是不行的，这是隋唐失败的经验。讲唐玄宗，有一个很好的教训是，再好的领导人不能终身领导。唐玄宗如果60岁退休，他是中国最伟大的皇帝；结果他没有退休爱上杨贵妃了，后来也爱上安禄山了，就有了安史之乱。再好的领导人，要是终身为领导人，他的领导能力在退化，激情在退化，反应能力也在退化，新生事物不能接受，作为一个掌舵者，这样会出很大的问题。这些我们可以作为个人的经验，也可以作为一个国家的经验。

读诗以怡情

智慧源于历史，诗歌凝练情感。孔子提倡读《诗经》。《诗经》是讲"情发于中而形于言"。我们一个人面对的情感也是有限的，你读诗歌，升华情感。

"慈母手中线，游子身上衣"，孟郊写的是孩子和母亲之间的情感，可能今天的母亲不一定是"临行密密缝，意恐迟迟归"，但是出门前父母还是会提醒你要多穿衣服，这是一种升华的感情，现在的人也能感受到。

夫妻之情也是重要的一伦。和配偶之间感情，"十年生死两茫茫，不思量，自难忘。"活着的时候觉得非常平淡，也可能吵吵闹闹，但是一旦一个离开了，那么另一个人就会想起彼此之间的点点滴滴，好处会被放大，情感会得到提炼，根本不需要强记它但是永远不会忘记。同样是年轻的朋友可能没有亲身体会到，但是你看到了就会被感动。

兄弟也是重要的一伦，我们今天很多独生子女没有兄弟，没有兄弟没有关系，看到这样的诗一样会被感动，"遥知兄弟登高处，遍插茱萸少一人。"在遥远的异乡为异客，每逢佳节，想着我的兄弟在哪？都去拔茱萸去了，都登高去了，可是今年我没能跟他们在一起。没兄弟不要紧，小时候拔茱萸的小伙伴们有没有？有。没有拔过茱萸的也没有关系，小时候捉泥鳅的小伙伴们有没有？有。没有捉过泥鳅，小时候一块打弹弓的小伙伴们有没有？有。没打过弹弓，小时候一块跳皮筋的小伙伴们有没有？有。没有跳过皮筋，两个人一块下课出去玩的小伙伴总归有，玩电脑、电子游戏的小伙伴总归有，你有一天就会产生这样的感觉，他在哪儿？我在想他。

接下来我们说朋友情。朋友情也是我们中国人特别看重的，因为知己是非常难得的，管仲和鲍叔之间就是这样的感情。管仲曾经说过这样一句话，"生我者父母也，知我者鲍叔也。"朋友之间的交情有时候比兄弟之间的感情要深，因为兄弟可能很小的时候就各自有不同的经历，而朋友却是一直陪伴身边的。有一句诗"故人入我梦，明我长相忆"。是杜甫写给李白的，《梦李白》。李白流放，不知道李白过得怎样，日有所思，夜有所梦。"冠盖满京华，斯人独憔悴"，高冠华盖之权贵充满京城，唯独李白形容憔悴，很不得意。对李白的感叹，其实也是对自己的一种感慨，世间容不下李白也容不下优秀的杜甫。

这是我们对身边人的感情，从母子之情，到妻子到兄弟到朋友，最后从对身边人的爱升华到对天下人的爱。范仲淹讲"先天下之忧而忧，后天下之乐而乐"，就是这种升华的情感，爱父母、爱兄弟、爱妻子、爱朋友，可是天下的老百姓也是别人的父母、兄弟、妻子、朋友，他们的喜怒哀乐，作为观者难道你不应该介意吗？人的情感是一样的，你爱父母他也爱父母，当官的就应该要升华到大的情怀，先忧而乐，这就是"民胞物与"，民为同胞，物为同类。

我们都看过《红楼梦》，黛玉葬花，"花谢花飞花满天，红消香断有谁怜？"桃花开了，桃之夭夭，蓬勃满天，怎么一下子就飘零了呢？一种很自然的感伤就出来了。红消香断有谁怜呢？所以才会有黛玉葬花。这么美好的事物，要装入绢袋里，让它归于泥土。在桃花底下读书的贾宝玉也产生了同样的情感，他用衣襟把它兜起来，撒到河里，恐怕脚步践踏了。因此有了林黛玉的一番高论：河在我们园子里它是清洁的，但是出了我们园子，大家脏的臭的，都往河里倒，一样会被污浊，还不如让它归于尘土。两人都落实到情，都落到花上，叫作"物与"。民是我们的同胞，物是我们的朋友。这样人的感情自然是又细腻又博大。所以我们都生活在粗糙的钢筋水泥的房子里，但是心情不可以像钢筋水泥一样粗糙。我们要能够感受到美的东西，美的情感，要去学诗。

读经以修德

第三个，讲道德。人要在道德上进行修为，去学什么？这个古代人讲得最多，学《经》。中国的经典其实都是讲文理的。我们的古人至少在最初阶段，"未知生焉知死"，不会对死后的世界那么感兴趣，不会对天地鬼神那么感兴趣。我们对人感兴趣，对伦理感兴趣，对道德感兴趣。所以中国的这个经学往往是学道德的，学圣人的。所以说如果要在道德上有修为的话，是要去学《经》的。

儒家经典里面很多道德方面的典范。司马牛问孔子，什么才是君子？孔子说"君子不忧不惧"。君子既不忧愁又不恐惧，如果你能做到不忧愁，不恐惧，你就是君子。司马牛很意外啊，他说"不忧不惧，斯谓之君子已乎？"难道我不忧虑，不恐惧，就能做君子了吗？孔子说："内省不疚，夫何忧何惧？"当你晚上睡觉时，反省一天的活动，你根本就不愧疚，那么你何忧何惧？怎么样才能内省不疚？那就是"行己有耻"。行己有耻，你就能内省不疚。什么叫行己有耻？人要有羞耻心，人做事的时候，要知道哪一件事是不好的，是给你带来耻辱的。带来耻辱的事情，你一定不做。凡是觉得不对的事情，不道德的事情，自己就不做。那样你就可以内省不疚，无忧无惧，你就是君子。

这就是我们说的道德基本阶段。但道德可以升华，就像我们刚才所讲，爱自己的亲人是道德的一个基础阶段，我们民间讲"百善孝为先"，也是从这里升华来的。因为对亲人的爱是最自然的，君子也是一样，管好自己是最自然的，也是最基础的阶段。但如果你管好自己，升华出来，世界上有无数个我，这世界上有我和其他人，我作为一个君子，还可以来为其他人做事，让这个世界整体变得更好。

修身，齐家，治国，平天下。一个人做君子，为的是什么？不仅仅是为了自己道德完善，是为了有一天对别人有用。首先对家庭有用，我作为一个君子，每天去对待自己的孩子，不偏大的，不偏小的，不偏男孩，不偏女孩。双方都有老人，我不偏娘家那头，也不偏婆家那头，等等。做君子，首先齐家，家是小的一个缩影，如果有更大机会的，国家也像家庭一样。做统治者，不偏重某一利益集团，也不抛弃某些在社会处于相对弱势的集团，尽可能让社会平衡地发展，这不就是治国吗？如果治国的这个方略有效的话，某些道德标准或者说某些行为标准、某些治国的纲领就可以成为天下共同接受的准则，那就可以用于平天下了。

所以说修身是一个起点，它不是终点。每一个人的终点是不一样的。作为我们老百姓来讲，一般我们修身可能止于齐家了，或者说做好自己的本职工作。作为一个上位者，可能止于治国。作为一个有高远理想、有能力的人，还可能止于平天下。所以说，修身是一个起点。这是南宋朱熹说的。

北宋张载的"横渠四句"说："为天地立心，为生民立命，为往圣继绝学，为万世开太平。"让天下，让世世代代，都有一些可以坚守的东西。我有时说到这个，大家都会笑，好像这样做都不太现实了。难道佛家不是吗？释迦牟尼不是吗？难道道家不是吗？难道伊斯兰教、基督教，包括儒学，这些伟人不是吗？这些哪一个不是为万世开太平？佛家有佛家的一些原则，道家有道家的一些原则，基督教有基督教的一些原则，伊斯兰教有伊斯兰教的一些原则，儒家有儒家的一些原则。这些原则都有一些立得住的核心部分，这些部分其实都是为万世开太平。

人是可以做的，人不应该妄自菲薄，好像这些东西都是乌托邦，天外来客。不是的，曾经在世界上有很多很多人这样做过，这个事是可行的，所以人不自弃。在道德上不自弃是一切不自弃的基础，包括行为举止的不自弃。你觉得自己是一个好人，是一个君子，然后，你才能做出一副君子的样子。所以说先有内在，后有外在。先有道德，有情感，有智慧，行己有耻，有情有义，鉴往知来，然后才能有温文尔雅的言谈举止。

提高自身修养的三个建议

最后一个问题，如何修为？其实听起来也不是很复杂，但是涵盖的内容挺多。一会说去念历史吧，一会念文学吧，一会念经学吧，而且经学不仅包括儒家经典，包括道家、佛家的，人类的一切研究成果都包含进去了。这个怎么学啊？真的一本一本地学？《二十四史》念完，然后就去念《全唐诗》《全唐文》《全宋词》，然后就《四书五经》？不是这样的，三个小小的建议。

第一个建议就是，好读书不求甚解。这不是我建议的，是陶渊明建议的。他是这么说的，"先生不知何许人也，亦不详其姓字，宅边有五柳树，因以为号焉。闲静少言，不慕荣利。好读书，不求甚解；每有会意，便欣然忘食。"人一定要读书，而且不是像我们经常做的那样，拿起一个微信来，读一些支离破碎的东西。

读书一定要多读，读到什么程度？读到你踮起脚尖能够到。什么意思呢？你稍微仰看一点就知道这个作品的思想真的比我强，但是不要仰望到看天、看星星一样的感觉，这个东西太不现实了。比如说，小学还没有念完，你先去读相对论，那个损害的是你对阅读永久的兴趣。让它指引着你走，但是不能过高。另外不要寻章摘句老雕虫。前段时间，有个朋友读一本书，他也觉得挺好的，好到什么程度呢？他读一行查一次字典。我说你查什么呢？他说这个字不认识。我说你能猜出这个字的意思么？能就先读下去。如果你每一个字都查一次字典，书就没法读下去了，因为字义的求索也是无止境的。某一个字现代汉语词典里有一个意思，文中还有一个意思，如果你一个字一个字地抠，作为语言学家也许需要这样，但作为一个普通民众，你这样做的话，也许伤害的是永久的阅读热情。

好读书，不求甚解，阅读面要大，但是我们不做专家之选，做空人之解，但求意会，把这个意思抓住了，你的人生境界就有提升。大和小、轻和重、得和失之间永远是要权衡的。

第二个小建议，知行合一。读了之后就要去做，就像我们今天讲的，"头容正，肩容平"。今天就知道这一件事了，回去就得做。你端坐在那里，你这个人气质是不一样的。伊丽莎白二世，她在传记里讲，她的祖母就是玛丽皇太后，跟她讲，一个贵族女性的背永远要和椅背保持一段距离。就是你不能靠着坐，这叫什么？这叫怠。刚才我们讲了，"勿傲、勿暴"，还要"勿怠"。不能怠，这个做到了，就是知行合一。

知行合一是很痛苦的。我们就举一个小例子。痛苦是什么？有一句话叫"千刀的菩萨，两刀的台阶"，大家进佛殿了，都拜菩萨，没有人拜台阶，即使你在台阶就下拜，你拜的也不是台阶，而是台阶上面的菩萨。为什么菩萨值得下拜？我们就从相这个角度来讲，菩萨真是千刀雕刻出来的，雕出来之后，她有那个尊严的气相，有威仪，让你生崇拜之心了，你不由自主地就到前下拜，你拜的是这个威仪。这个威仪是怎么得来的？千刀雕出来的。没人拜台阶，为什么，台阶横一刀竖一刀就出来了，没有威仪，不让产生这样的敬仰之心，就永远不会拜了。所以说，人是要有一些这样的韧劲，有这样的狠劲。如果知道了，就去践行，知行合一，不怕锤炼，你就成长了，就是有修养了。

那可能就有人讲了，我这修养今天这么做着，明天那么做着，什么时候我一不修为了，我又掉到原来那个境界了，会不会？有这样一个故事，说菩萨问佛陀，众生可以成佛，那佛什么时候又会退回众生？佛陀说，金子从矿石中提炼出来成为金子之后，什么时候再还原成矿石？什么时候也不会，你只要修为到一定的境界，不光是外表的修为，而是内外兼修，你不可能再退回去了。一个可以讲出"窈窕淑女，君子好逑"的人，第二天不可能变成"小妞，真漂亮，啥时候给我当媳妇"。为什么？"少成若天性，习惯如自然"。当你已经修为到一定的程度的时候，这个修为是可以保持下去的。

第三个小的建议，重其所重，有所兼收。人心里要有轻重，要分清楚是非。不分清是非，是件可怕的事。我相信人到最后都会形成自己的价值判断，但是形成价值判断不是结局，其实是开始，坚守价值判断，才是一个结局。就比方说，大家都知道颜回，之前号称亚圣，为什么颜回就是亚圣？孔子对颜回的赞扬是："一箪食，一瓢饮，在陋巷，人不堪其忧，回也不改其乐。"颜回没著作，也没有什么经典的言论留下来，但孔子就非常在意这一点，就是那么粗糙的饭食，那么点清水，别人都觉得这日子没法过了，开始汲汲以求了，我要做官，我要经商，我要干什么。"回也不改其乐"，颜回没觉得有什么了不起，还自得其乐。

这句话说起来挺容易的，实际做起来特别难，把这么难的事情做到，这就叫作有坚守。北宋理学家说"饿死事极小，失节事极大"，其实跟颜回是一个道理，颜回就是饿死了，还不改变自己的生活方式不改变自己的操守。对女性来说，这是非常不合理的要求，不可以这样去要求一个人，但是作为一名君子，一个士人，给国家工作的人，饿死事极小，失节事极大。改朝换代的时候，一个男性，应该忠实于自己服务过的朝廷，即使死，也要为这个王朝殉节，这是一个男性的要求。那同样，一个士人的妻应该怎么办？士人殉节的对象是国家，那作为他的妻子，殉节的对象应该是她的丈夫。一个女性，饿死事极小，失节事极大。即便饿死，也不能改嫁，这个要求过时了，但是精神不一定过时。如果这种精神已经彻底过时了，其实也就意味着操守也就过时了，坚持也就过时了，仁人志士全都过时了。那就是道德观真的下滑了。

最后，"鹊桥仙"，讲的是牛郎织女七夕鹊桥会的故事。我们中国人尊重文化、学习文化，男性是"谦谦君子，温润如玉"，女性是"窈窕淑女，君子好逑"，这样的一对丽人，才应该享受这样的天长地久，花好月圆。祝福大家！

图书在版编目(CIP)数据

国学十讲:追溯中国人精神之源 / 于丹等著 . —北京:东方出版社,2015.3
(扬州讲坛)
ISBN 978-7-5060-8081-1

Ⅰ.①国… Ⅱ.①于… Ⅲ.①国学—通俗读物 Ⅳ.① Z126-49

中国版本图书馆 CIP 数据核字(2015)第 053922 号

国学十讲:追溯中国人精神之源
(GUOXUE SHIJIANG:ZHUISU ZHONGGUOREN JINGSHEN ZHI YUAN)

作   者:于丹 等
责任编辑:王慧敏   蒋芳仪
出   版:东方出版社
发   行:人民东方出版传媒有限公司
地   址:北京市东城区东四十条 113 号
邮政编码:100007
印   刷:三河市金泰源印务有限公司
版   次:2015 年 4 月第 1 版
印   次:2016 年 5 月第 4 次印刷
印   数:11 001–14 000 册
开   本:710 毫米 ×1000 毫米 1/16
印   张:15
字   数:185 千字
书   号:978-7-5060-8081-1
定   价:36.00 元
发行电话:(010)85924663   85924644   85924641